Dennis de Oliveira

INICIAÇÃO AOS ESTUDOS DE JORNALISMO

São Paulo
Editora Abya Yala
Agosto de 2020

Design de capa e Editoração para publicação nas versões impressa e em ebook:
Rafael Duarte Oliveira Venancio
(To The Moon | Soluções em Storytelling – rdovenancio@gmail.com)

Imagem da capa:
Ilustração de A. R Waud, reproduzida em xilogravura por G. H. Hayes no livro "Beyond the Mississippi", de Albert Richardson

Fonte para capa e títulos:
A Typewriter For Me, de Zachary Lucier

Livro digital disponível na Amazon em
e-book e em versão impressa

Dados Internacionais de Catalogação na Publicação (CIP)
(Câmara Brasileira do Livro, SP, Brasil)

```
Oliveira, Dennis de
   Iniciação aos estudos de jornalismo [livro
eletrônico] / Dennis de Oliveira. -- 1. ed. --
São Paulo : Instituto Abya Yala, 2020.
   ePub

   Bibliografia
   ISBN 978-65-991819-0-0

   1. Educação 2. Jornalismo 3. Jornalismo - Estudo e
ensino 4. Publicidade I. Título.

20-41224                                  CDD-070.407
```

Índices para catálogo sistemático:

1. Jornalismo : Estudo e ensino   070.407

Maria Alice Ferreira - Bibliotecária - CRB-8/7964

Sumário

Apresentação 5

Prefácio 9

Introdução 13

Capítulo 1 – Jornalismo: uma atividade do
espírito democrático 27

Capítulo 2 – Jornalismo, ética e veracidade 41

Capítulo 3 – A pauta 59

Capítulo 4 – Captação 93

Capítulo 5 – Entrevista 115

Capítulo 6 – Redação 133

Capítulo 7 – Edição 147

Capítulo 8 – Opinião no jornalismo 163

Capítulo 9 – Retomando a teoria: reinvertendo a
pirâmide 183

Capítulo 10 – Lugar de jornalista é na rua! 213

Bibliografia (ou Sugestões de Leitura) 221

Sobre o autor 225

Dennis de Oliveira. *Iniciação aos Estudos de Jornalismo*. São Paulo: Abya Yala, 2020.

Apresentação

Em 2020, completei 30 anos de docência em jornalismo, lecionando em universidades particulares como a Unimep (Universidade Metodista de Piracicaba) onde, junto com vários grandes amigos que fiz, construímos uma proposta de curso de jornalismo diferenciada que chegou a ficar entre os cinco melhores do país segundo o ranking da revista *Playboy*, a Faculdades de Valinhos (precursora da Universidade Anhanguera), Universidade de Mogi das Cruzes, Universidade Anhembi-Morumbi e, finalmente, na instituição onde me graduei e fiz toda minha carreira acadêmica (mestrado e doutorado), a Universidade de São Paulo.

Na USP tive uma das mais ricas experiências como docente: lecionar a disciplina *Laboratório de Iniciação ao Jornalismo* onde produzimos o jornal comunitário *Notícias do Jardim São Remo*, experiência impar em cursos de jornalismo no Brasil, primeiro por ser um laboratório feito logo no primeiro ano do curso e segundo, ser um jornal comunitário.

Dennis de Oliveira. *Iniciação aos Estudos de Jornalismo*. São Paulo: Abya Yala, 2020.

Por que iniciar com um jornal comunitário? Porque esta modalidade de jornalismo exige uma interação maior com o público do veículo e aqui reside um dos princípios mais importantes do jornalismo: o compromisso com o interesse público. Eu acrescento ainda mais: em um país com brutal desigualdade, com o racismo e machismo estruturais que estratificam posições sociais e acesso aos direitos por conta de raça, gênero e classe, o jornalismo por aqui ocorre em uma democracia incipiente, parcial, que nunca chegou à periferia. E a experiência de fazer um jornal comunitário logo no início força os futuros jornalistas do curso da USP a darem voz a quem sistemicamente tem suas vozes negadas.

E a experiência de mais de 15 anos a frente deste jornal-laboratório e nesta disciplina mostrou que o jornalismo tem um papel fundamental na construção da democracia no Brasil se ele simplesmente for... jornalismo. Isto porque em uma democracia, é fundamental que se encontrem as diversas experiências e cotidianos. O líder revolucionário russo Vladimir Lenin, por exemplo, dizia que "prestamos pouca atenção ao cotidiano, à vida interna das fábricas, no campo e no exército, ali onde se constrói em maior medida o novo".

Em um mundo em que proliferaram ativistas digitais, *youtubers* que fazem fama fazendo *lives* direto dos seus dormitórios e fake news disseminadas nas redes sociais, as tecnologias de informação e comunicação podem mudar a forma de se fazer jornalismo, mas este ainda se faz observando a vida sendo construída em cada canto da esquina. Jornalismo é percepção apurada, capacidade de selecionar, hierarquizar, sintetizar e transmitir de forma a alertar para que nossa condição de ser cidadão nunca seja esquecida. E que, no Brasil, a democracia precisa ser consolidada e estendida a todos e todas. Para isto, jornalismo precisa de formação, leitura, estudo.

Preocupado com isto, este livro (boa parte dele escrito em tempos de isolamento social por conta da epidemia do coronavirus) não é mais uma obra de teoria do jornalismo mas uma síntese das minhas conversas com meus alunos nas aulas de Iniciação ao Jornalismo. Os primeiros toques para quem quer ser jornalista ou quer saber mais sobre jornalismo.

Não poderia deixar de agradecer pessoas muito queridas nesta minha trajetória como professor de jornalismo, desde a saudosa Unimep (pessoas como a Marta, Dema, Ivonesio, Marithê, Angela, Eneus, Lucilene, Miriam), a todos os meus colegas da USP, não posso deixar de citar a pessoa responsável pela minha entrada na carreira acadêmica, a professora Maria Nazareth Ferreira, orientadora de mestrado e doutorado. Especial abraço ao amigo Luciano Maluly, que prefaciou o livro, e Rafael Venancio, ex-aluno meu na graduação e hoje um professor e pesquisador na área de jornalismo.

E dedico este livro a todos os meus alunos, alunas, ex-alunos, ex-alunas e moradores do Jardim São Remo que proporcionam esta rica experiência do jornal laboratório *Notícias do Jardim São Remo*.

Dennis de Oliveira

Dennis de Oliveira. *Iniciação aos Estudos de Jornalismo*. São Paulo: Abya Yala, 2020.

Prefácio

Em meados dos anos 2000, passamos por uma crise interna no Departamento de Jornalismo e Editoração (CJE) da Escola de Comunicações e Artes da Universidade de São Paulo, em decorrência da perda de diversos professores que se aposentaram ou mesmo faleceram. A reposição desses docentes foi demorada e os alunos se rebelaram, criando a Contra Semana de Jornalismo.

Nesse período, organizamos reuniões conjuntas para ouvir e debater as reivindicações dos estudantes. Nesses encontros, os professores anotavam atentamente as propostas dos discentes, muitas vezes sem questionamento.

Em uma das últimas sessões, o professor Dennis de Oliveira pediu a palavra para agradecer a iniciativa e solicitar aos alunos que ouvissem as outras partes envolvidas, neste caso, os docentes e os funcionários.

Após aquele dia, as relações começaram a mudar no nosso departamento, com a implementação de uma série de mudanças que possibilitaram agilizar a contratação de docentes, adquirir equipamentos e ampliar a representação estudantil e dos funcionários.

Depois de mais de 15 anos, recebo, com muita honra, o convite para elaborar o prefácio do novo livro do professor Dennis de Oliveira sobre a iniciação ao estudo e à técnica do jornalismo.

Pensei que se tratava de mais um daqueles manuais fechados sobre redação e estilo, mas logo nas primeiras linhas percebi que a obra detalhava uma abordagem contemporânea sobre o jornalismo e a democracia na América Latina.

Já não é de hoje que conhecemos a luta do autor-ativista no combate à desigualdade social no Brasil.

A firme e constante atuação visa eliminar o autoritarismo político gerador de uma violência econômica, racial, de gênero, entre outros absurdos que buscam restringir direitos e deveres civis, como a liberdade de expressão.

Este livro remete, portanto, a uma outra leitura sobre a intervenção do professor Dennis de Oliveira naquele dia da *Contra Semana de Jornalismo do CJE*:

a do mestre que ensina os princípios do jornalismo por meio do diálogo em prol de uma sociedade justa e sem preconceitos.

Luciano Victor Barros Maluly é professor na ECA-USP

Dennis de Oliveira. *Iniciação aos Estudos de Jornalismo*. São Paulo: Abya Yala, 2020.

Introdução

A história humana não se desenrola apenas nos campos de batalhas e nos gabinetes presidenciais. Ela se desenrola também nos quintais, entre plantas e galinhas, nas ruas de subúrbios, nas casas de jogos, nos prostíbulos, nos colégios, nas usinas, nos namoros de esquinas. Disso eu quis fazer a minha poesia. Dessa matéria humilde e humilhada, dessa vida obscura e injustiçada, porque o canto não pode ser uma traição à vida, e só é justo cantar se o nosso canto arrasta consigo as pessoas e as coisas que não tem voz. (Ferreira Gullar)

Um dia destes, estava tomando um café com uma amiga minha conversando sobre o que se convencionou chamar da crise do jornalismo. Ela disse que, quando estava vindo ao meu encontro, conversava com o motorista do Uber sobre os ataques que o então presidente do Brasil, Jair Bolsonaro, fazia a produção nacional de cinema. Enquanto que o motorista do Uber, eleitor do Bolsonaro, defendia com unhas e dentes o presidente, minha amiga contra-argumentava apresentando dados de uma pesquisa feita pela própria Agencia Nacional do Cinema (Ancine), órgão governamental, que tratava do impacto positivo da cadeia produtiva do cinema nacional. A reação do motorista do Uber: "a senhora acredita nestas pesquisas?"

Lembrei-me, na ocasião, de uma pessoa muito próxima a mim que sempre desqualificava qualquer coisa que eu falava com base em pesquisas, informações, dados que eventualmente contrariavam a sua crença. Dizia esta pessoa que eu vivia no "mundo teórico" e ela na "realidade" que tinha mais peso, ainda que essa tal "realidade" era a sua mínima experiência pessoal.

Por que inicio um livro de jornalismo contando estes casos? Justamente para expor os desafios que o jornalismo enfrenta hoje: não vivemos em uma sociedade da informação apenas, mas de "crenças e opiniões".

O papel do jornalismo em uma sociedade democrática é justamente o de fomentar o debate público por meio do esclarecimento. A chamada racionalidade iluminista que se busca como ponto de sustentação do exercício da cidadania, da constituição dos contratos sociais e da esfera pública política: é esta razão do esclarecimento.

Adorno e Horkheimer afirmaram, nos anos 1940, que esta razão do esclarecimento foi transfigurada para a razão instrumental, isto é, uma racionalidade subsumida totalmente aos processos de reprodução do capital. E isto foi obtido em boa parte graças a mercantilização e industrialização da produção das informações jornalísticas.[1] Daí que interesse público se transformou em "interesse do público" (= audiência). E, como todo ramo econômico no capitalismo, o jornalismo caminhou para a sua monopolização instrumentalizando ainda mais a racionalidade da produção das informações que se expressam em técnicas, manuais de redação, rigidez procedimental, entre outros. Tudo isto objeto de análise, teorias e criticas por parte de estudiosos das ciências sociais e da comunicação, bem como denunciado por movimentos sociais e políticos.

---

[1] ADORNO, T.; HORKHEIMER, M. *Dialética do esclarecimento*. Rio e Janeiro: Jorge Zahar, 1985

Entretanto, nestas primeiras décadas do terceiro milênio, novos problemas se apresentam para o jornalismo. A razão instrumental vai cedendo campo para o universo das crenças e opiniões. Não se trata mais de uma instrumentalização do conhecimento para a reprodução do capital, mas a disseminação de crenças e opiniões que geram um ambiente de tudo vale e, principalmente, de que os "fins justificam os meios". A rigidez dos procedimentos metodológicos do jornalismo se fetichiza a ponto de que uma boa matéria jornalística é aquela que apresenta duas opiniões ou duas crenças, debates viram trocas de ofensas e xingamentos e espaço público, praça de guerra - a ponto de um presidente eleito no Brasil em 2018 considerar que sua vitória permite que simplesmente ele faça o que quer, até mesmo ameaçar os opositores.

Fala-se muito que a crise do jornalismo se deve aos novos suportes tecnológicos da informação. Não é verdade. As tecnologias de informação e comunicação apenas potencializam uma sociabilidade que foi construída por estas novas lógicas do capitalismo. O trabalhador não é mais aquele pertencente a uma categoria profissional que trabalha coletivamente em uma ou mais empresas, gerando um sentimento de pertencimento a um grupo. Trabalhador é aquele que tem que enfrentar sozinho todas as dificuldades e que outros trabalhadores são seus adversários diretos, como um motorista de aplicativo Uber. Em uma empresa, os trabalhadores coletivamente podem pressionar seus empregadores por melhores condições de trabalho e salários. No aplicativo, o trabalhador depende de conseguir mais clientes (e, para isto, concorre com outros trabalhadores na mesma situação).

Esta sociabilidade do individualismo e competição acirrada se sustenta pelo discurso assertivo, da afirmação e não da abertura para mediação e negociação, características típicas do diálogo. E, assim, o que importa é fazer valer os seus pontos de vista, suas crenças, suas opiniões. Considerar a possibilidade de abrir mão de posicionamentos, estar aberto a outras perspectivas soa como derrota.

Que esclarecimento pode advir disto? Nenhum.

Voltando para minha amiga na sua conversa com o motorista de aplicativo: as informações que ela apresentou poderiam estar em alguma reportagem jornalística sobre este assunto e serviria como base para os cidadãos estabelecerem suas posições e participar do debate. Os argumentos deveriam ser construídos a partir destes dados. Este é o princípio de um debate racional. Mas o tal motorista não quis saber. Simplesmente desqualificou a informação que contrariava a sua posição e ponto. A pesquisa foi condenada a ir para a fogueira, assim como Galileu que ousou dizer que a Terra era redonda contrariando a posição oficial da Igreja Católica.

O acúmulo de conhecimento científico e tecnológico serviu para construir todo este aparato de conforto que permitiu o ser humano viver muito mais, aumentar a população humana em todo mundo, possibilitar a comunicação instantânea sem fronteiras, ir até o espaço... Mas depois de ser instrumentalizado para a reprodução do capital, a razão se apaga quando se fala das lógicas das sociabilidades humanas e o século XXI parecer ser um apagar das luzes.

Assim, nesta sociedade da inflação das informações em que a principal *commoditie* das plataformas de rede são as crenças e opiniões, fazer jornalismo é garantir que as luzes não se apaguem e, portanto, a democracia sobreviva ainda que aos soluços.

E isto tem um papel importantíssimo em um país como o Brasil marcado por fragilidades na sua institucionalidade democrática por ser uma nação latino-americana e, assim, atravessado pelo que o pensador Annibal Quijano chama de "colonialidade do poder". Por estas bandas, a racionalidade do Iluminismo foi instrumentalizada pela reprodução das lógicas societárias da sociedade colonial, como o racismo e o machismo.

Durante o final do século XIX e inicio do século XX, a *intelligentsia* brasileira foi contaminada pelas teorias pseudocientíficas do racismo, como a eugenia e a antropologia criminal.[2] Esta elite intelectual pregava, por exemplo, que o branqueamento da população brasileira era condição necessária para o desenvolvimento do país. As ideias higienistas que

---

[2] A este respeito ver a obra de SCHWARCZ, L. *O espetáculo das raças*. S, Paulo: Cia. das Letras, 1993

pautaram as políticas de saúde e educação no inicio do século XX bem como as reformas urbanas das grandes cidades vão no mesmo diapasão. Quijano afirma que este padrão de poder está diretamente relacionado ao lugar subalterno ocupado na cena global capitalista dos países do continente latino-americano.[3] Por isto, a democracia, mesmo sendo um projeto liberal, burguês, capitalista, sempre é limitada, controlada e frequentemente interrompida por golpes de Estado ou mudanças abruptas nas regras, já que a concentração de renda que é a tônica destas sociedades faz com que frequentemente a classe trabalhadora se aproprie dos instrumentos da democracia para contestar as injustiças sociais. Liberdade e igualdade andam juntas sempre. E quem é contra a igualdade sempre atua no impedimento da plena liberdade.

Assim, o jornalismo na sua acepção original do termo sempre se deparará com estas agendas e dilemas. É uma batalha pela liberdade (de expressão, do livre fluxo de ideias, da cidadania) mas esta liberdade só existe com a igualdade. A desigualdade e

---

[3] QUIJANO, A. *A colônialidade do saber: eurocentrismo e ciências sociais. Perspectivas latino-americanas.* Buenos Aires: CLACSO, 2005

a injustiça social serão pautas constantes na agenda do jornalismo brasileiro pois são os entraves para a plena democracia. E aí começam as batalhas do profissional do jornalismo, tendo em vista que as empresas de comunicação nem sempre estão dispostas a assumirem estas agendas – não por uma maldade ou problema de ordem ética (embora isto possa acontecer também) – mas por uma questão de classe social: os seus proprietários pertencem a uma classe dirigente que se beneficia direta ou indiretamente destas desigualdades sociais.

Porém, fazer jornalismo é construir uma narrativa que possibilite justamente esta compreensão racional da cotidianidade. E aí não há como, por exemplo, deixar de levar em conta que embora mais da metade da população seja composta por mulheres, as estruturas de poder sejam ocupadas majoritariamente por homens em todos os espaços – inclusive, no próprio jornalismo em que a maior parte da categoria é feminina mas ainda o comando das redações é majoritariamente masculino.

Também basta abrir os olhos e ver que a maioria das crianças que pedem esmolas nos faróis, mulheres que trabalham como faxineiras, homens que desempenham trabalhos braçais são negros e que esta paisagem se normatizou de tal forma nas mentes que em um pais em que 54% da população se declara negra, causa surpresa ao entrar em um consultório e ser atendido por um médico negro ou, mais ainda, por uma médica negra. Como se eles estivessem fora dos seus lugares... E o mesmo se vê nas redações dos principais veículos, majoritariamente branca.

O que estou dizendo aqui é que a democracia brasileira é incipiente não por uma deformação da população que não teria a "consciência politica avançada dos europeus" mas por conta do padrão colonial do poder estabelecido pelo ordenamento global do capitalismo e pela história do pais marcada pelo escravismo e pelas lógicas patriarcais da sociedade colonial. Daí então que se estabeleceu uma esfera pública restrita, uma racionalidade instrumentalizada não só para garantir a reprodução do capital mas também para esta restrição do estatuto da cidadania e, daí então, uma democracia incipiente.

Por isto, o papel do jornalismo no Brasil é de grande monta: *romper com estas barreiras para solidificar a democracia plena.* E para cumprir este papel, basta simplesmente... fazer jornalismo de qualidade!

E isto passa primeiro pela *desglamourização* do jornalismo. Na graduação, frequentei como ouvinte uma disciplina do curso de Cinema na ECA ministrada pelo professor Carlos Reinchenbat, cineasta brasileiro. No início do curso, ele perguntava à classe: "quem quer ser cineasta aqui?" e maioria do pessoal levantava a mão. Aí ele dizia, para espanto geral: "ok, ser cineasta no Brasil é como ser franciscano, é um voto pela pobreza, é andar de ônibus, café da manhã é uma média com pão na chapa e almoço, prato feito, no boteco; porque não tem dinheiro para fazer produções *glamourosas*".

Não digo que ser jornalista é um voto pela pobreza, apesar das atuais condições do mercado profissional apontarem um pouco para isto, mas que ser um bom jornalista implica em querer conhecer esta realidade complexa do país que não se resume aos escritórios acarpetados dos edifícios da Avenida Paulista, em São Paulo, ou de Copacabana, no Rio de Janeiro, ou ainda os gabinetes com ar condicionado do poder de Brasília. Mas também as feiras, os mercados, os botecos, as ladeiras das favelas e periferias.

O futebol não é só o gramado com os jogadores de futebol profissional famosos da série principal do campeonato desfilando suas narrativas pré-montadas cumprindo fielmente seu papel de escravos dos esquemas poderosos de marketing, mas os torcedores que enfrentam filas em nome de uma paixão pouco explicável e aqueles meninos que se submetem a condições péssimas nas escolinhas de futebol sonhando um dia chegar lá... E alguns infelizmente tiveram este sonho encerrado com desastres como o incêndio na concentração dos times infanto-juvenis do Flamengo em 2018 – no mesmo ano que este time foi campeão estadual, brasileiro, sul-americano e vice mundial e considerado o clube mais rico do país (e se recusava a indenizar de forma justa as famílias dos meninos mortos no incêndio na sua concentração).

Economia não se resume a gráficos e indicadores do mercado financeiro em narrativas que interessam apenas a um determinado segmento de operadores do capital rentista. Mas também ao impacto de politicas macroeconômicas nas ofertas de crediário à população, impacto nas empresas, em especial as pequenas e médias que empregam tanta gente, aos pequenos agricultores...

Todas estas pessoas têm o que falar, querem falar e, mais que isto, tem o *direito de falar*. Fazer jornalismo é pensar nesta realidade de múltiplas vozes diferentes, conflitantes, em lugares diversos e hierarquizadas nas estruturas de poder. Silenciá-las é manter um padrão colonial de poder, é manter a esfera pública restrita, a democracia incipiente. E deixar os ocupantes do poder *confortáveis* pois estes podem se preocupar apenas com este universo restrito de pessoas que ocupam a esfera pública. Como disse certa vez Millor Fernandes, "jornalismo é oposição, o resto é secos e molhados". No caso aqui, ser oposição é tirar o poder da sua zona de conforto.

Mas muito mais que isto e retomando o poeta Ferreira Gullar, negar esta realidade complexa é uma traição à vida pois ela se desenrola "também nos quintais, entre plantas e galinhas, nas ruas de subúrbios, nas casas de jogos, nos prostíbulos, nos colégios, nas usinas, nos namoros de esquinas". E o jornalismo não pode ser uma traição a vida.

Dennis de Oliveira. *Iniciação aos Estudos de Jornalismo*. São Paulo: Abya Yala, 2020.

Neste momento de tudo parecer obscuro, vamos fazer jornalismo e acender as luzes!

Capítulo 1 – Jornalismo: uma atividade do espírito democrático

O jornalismo é filho direto dos arranjos institucionais da democracia liberal. Sua história se confunde com as transformações institucionais protagonizadas pela burguesia ascendente no século XVIII e se confunde com o próprio espírito do capitalismo nas suas fases iniciais. Não é à toa que a prática do jornalismo está no mesmo diapasão que ideias como liberdade, cidadania, interesse público, democracia. E também não é à toa que todas as tentativas de instauração de sistemas autoritários sempre tem no controle do jornalismo uma das suas principais medidas.

Ciro Marcondes Filho fala que a aventura do jornalismo se confunde com a "aventura da modernidade", o espírito empreendedor burguês se relaciona diretamente com a busca pela veracidade da informação.[4] A ideia de aventura também está implícita na definição do jornalista Clovis Rossi que considera que o jornalismo é uma apaixonante batalha para conquistar corações e mentes. Ou ainda no fato de alguns super-heróis, coincidentemente, também serem jornalistas – Super Homem (o repórter Clark Kent), Homem Aranha (o fotojornalista Peter Parker) e Tintim.

Jurgen Habermas, nos seus escritos sobre a formação da esfera pública burguesa, dá destaque ao papel do jornalismo.[5] A esfera pública é justamente esta dimensão social em que se articula e realiza o contrato social, base da normatividade da sociedade moderna. Nos seus primórdios, a esfera pública era formada por um circuito restrito de clubes e cafés onde setores da elite se encontravam e conversavam, gerando esta ambiência de debate público. Na obra de Julio Verne, *A volta ao mundo em oitenta dias*, a trama, que se passa nos anos 1870, se inicia em um ambiente típico deste circuito: um cavalheiro inglês chamado Philleas Fogg tem uma rotina rigidamente metódica –

---

[4] MARCONDES FILHO, C. *A saga dos cães perdidos*. S. Paulo: Hacker, 2001

[5] HABERMAS, J. *A mudança estrutural da esfera pública*. S. Paulo: Editora Unesp, 2014

toma café da manhã, se barbeia e vai até a um clube de aristocratas, o *Reform Club*, onde joga cartas, lê os jornais do dia e os comenta com os outros membros até a hora do almoço. E em um destes dias, quando se comenta o roubo de um banco, o sr. Fogg opina que os ladrões poderiam estar em qualquer lugar do mundo pois era possível com a tecnologia da época dar a volta ao mundo em 80 dias. E diante da oposição dos demais, aposta que poderia fazer isto e dai começa a trama.

Habermas destaca esta perspectiva de participação no debate, a ruptura com uma ideia de ser humano submissa a uma ordem mítica como o elemento central da formação da esfera pública burguesa. Com isto, o pensador alemão articula esfera pública a *esclarecimento*, conectando a constituição desta ambiência de realização do contrato social nos termos definidos por Rosseau a emergência da racionalidade.[6]

De fato, se observamos os principais escritos de Rosseau, há uma ênfase e considerar que a razão deve ser o elemento norteador do debate público e o que possibilitaria uma transcendência dos interesses

---

[6] ROSSEAU, J J. *Do contrato social*. S. Paulo: Martin Claret, 2013

particulares para o interesse público. Por isto, quando se pensa em esfera pública no seu sentido clássico, automaticamente se pensa nesta dimensão racional-esclarecedora.

Porém, alguns problemas se apresentam nesta formulação inicial.

A primeira delas é quanto as relações existentes entre as dinâmicas da esfera comercial-privada, natural do modo de produção do capitalismo, e a esfera pública-politica. Habermas vai falar, posteriormente, que a esfera pública é colonizada pelo jornalismo que, por sua vez, é capturado pela lógica comercial da indústria cultural. De fato, o jornalismo passa da sua primeira fase, de ser um libelo em defesa da democracia e dos valores dos direitos civis para se transformar em uma atividade comercial. E justamente por isto que Habermas vai falar de uma "mudança estrutural da esfera pública", o gerenciamento do debate público pelas corporações comerciais que controlam a atividade jornalística. Este trânsito entre o privado/comercial e público/politico vai estar presente em boa parte das discussões sobre o papel do jornalismo.

Isto porque, como atividade comercial, o jornalismo necessita criar estruturas de sustentação. E no capitalismo, isto passa pela sua inserção na lógica de mercado. E para tanto, incorporar nas suas logicas produtivas as mesmas do capitalismo industrial. É justamente esta transição de uma atividade manufatureira para uma atividade industrial que vai operar a grande transformação do jornalismo.

Quando se pensa na visão romântica e idílica do jornalista – próximo ao arquétipo do super-herói e presente em vários filmes que tem jornalistas como protagonistas – o arquétipo do artesão está implícito. Em geral, os jornalistas-super-heróis são pessoas solitárias, fazem tudo sozinhos, desprezam os artefatos tecnológicos e confiam fortemente na sua intuição e talento. As imagens das suas mesas ou da sua moradia que remetem a algo extremamente desorganizado sinaliza para um contraponto a uma organicidade racional burocrática do modo de produção do capitalismo industrial. Até mesmo o descompromisso com eventuais ganhos financeiros e a preocupação maior que o resultado do seu trabalho tenha a sua marca – como se fosse uma "aura" da obra de arte *antes* da era da sua reprodutibilidade técnica.

De fato, o capitalismo industrial em todas as atividades impôs uma nova forma de organização racional-burocrática possibilitando um aumento da produtividade e, com isto, uma maior e mais rápida reprodução do capital. A medida que o capital vai sendo invertido também nas atividades jornalísticas, a tendência foi que o jornalismo passasse a ser organizado também nesta lógica industrial.

Para Habermas, este processo implicou em uma mudança estrutural na esfera pública. Para outros autores, como Walter Lippmann, o jornalista não tem consciência do seu papel de ser um especialista que pode organizar os atalhos cognitivos necessários para o sujeito moderno compreender a complexidade dos fenômenos sem sofrer crises de ansiedade.[7]

Entretanto, as relações entre a esfera pública-política e esfera privada-comercial não são tão estanques assim.

---

[7] LIPPMANN, W. *Opinião pública*. Petrópolis: Vozes, 2008

Dennis de Oliveira. *Iniciação aos Estudos de Jornalismo*. São Paulo: Abya Yala, 2020.

Se retornarmos ao tempo e ver a experiência do Ágora da antiga Atenas, tida como muitos como uma das primeiras experiências de democracia e de esfera pública, pois neste local os cidadãos exerciam sua voz, se encontravam e debatiam assuntos de interesse público – daí nasce a ideia de polis e politica, isto é, agir na polis, na esfera publica – este espaço era também o mercado. Era o local que nas urbes da Grécia antiga, se localizavam os banhos públicos e os locais onde eram comercializados objetos. O encontro de cidadãos era motivado pelo espaço onde havia uma *comercialização*.

O mesmo ocorre na formação das esferas públicas burguesas e o próprio surgimento das primeiras folhas impressas. John Thompson[8] fala que as reuniões nos burgos eram motivadas pela chegada de mercadores, reunindo pessoas que se encontravam por um motivo comercial e, assim, poderiam conversar e discutir. E as primeiras folhas impressas eram distribuídas com o objetivo também de anunciar a chegada de mercadores.

---

[8] THOMPSON, J. *Mídia e modernidade*. Petrópolis: Vozes,1998

O que queremos mostrar é que a coletividade que se forma é justamente motivada pelo comércio, não havendo assim, a principio, uma perspectiva antitética entre o público-politico e o privado-comercial. O que motiva o encontro é o privado-comercial. Pelo menos nesta experiência do capitalismo.

No Brasil, país que por conta do formato da colonização, só conheceu a imprensa no século XIX, a experiência foi semelhante. Somente com a transferência da capital da metrópole para o Rio de Janeiro que possibilitou uma intensificação da vida urbana, do comércio e outras atividades de serviço que o jornalismo nasceu. Primeiramente, nasce já de forma censurada, com a criação em julho de 1808, do *Correio Braziliense*, de Hipólito da Costa, jornal que defendia a independência do Brasil e, por conta disto, era produzido em Londres e chegava clandestinamente ao Brasil. O *Correio* foi financiado por ingleses desejosos da independência do Brasil por motivos econômicos e sua chegada ao Brasil era possibilitada também pela abertura dos portos (e do comercio) da então colônia aos mercadores ingleses.

Dennis de Oliveira. *Iniciação aos Estudos de Jornalismo*. São Paulo: Abya Yala, 2020.

No mesmo ano, em setembro, é fundada a *Gazeta do Rio de Janeiro*, pela Coroa Portuguesa aqui instalada que se constitui em um verdadeiro jornal chapa-branca. Entretanto, nota-se que a iniciativa de se publicar um periódico se deve a mudança das relações políticas no país com a chegada da Corte e a necessidade de se estabelecer uma ambiência de relações politicas e comerciais, tanto é que mais tarde é fundado o Banco do Brasil.

Estes exemplos históricos servem para demonstrar que a dinamização das relações comerciais é condição necessária para a constituição desta ambiência da esfera pública. E aqui entramos na discussão de um outro elemento, *o cidadão*.

Marx fala no texto *A questão judaica* que o ser humano para se transformar em cidadão necessita despir-se das suas condições particulares (como, por exemplo, a sua condição de classe) para dissolver-se na universalidade da cidadania.[9] O cidadão é uma tipologia de sujeito que se coloca dentro de um grau "zero" de pertencimento social, se conformando única

---

[9] MARX. K. *Sobre a questão judaica*. S. Paulo: Boitempo, 2010

e exclusivamente dentro da ambiência do contrato social. Como este arranjo institucional é construído dentro dos projetos de Estado-Nação, o cidadão tem um único pertencimento, o *nacional*. Por isto, sua ação como cidadão é participar dentro de uma esfera pública nacional, submeter-se às regras estabelecidas dentro deste espaço-Nação e ser reconhecido como membro dele.

E é justamente por esta razão que o arranjo institucional da democracia liberal é extremamente complexo e, em determinada medida, inconcluso na América Latina – porque, justamente, somente no século XIX, as nações deste continente se tornaram independentes politicamente, embora permanecessem ainda subordinadas dentro do circuito global do capitalismo.

Mais: conforme afirmamos anteriormente, os espaços de encontro social que geram a ambiência da esfera pública ocorrem, no capitalismo, a partir da dinâmica comercial. Sociedades estratificadas, que já nascem dentro de uma subordinação internacional e com mercados consumidores internos extremamente restritos tendem a ter esferas públicas incipientes, conceitos de cidadania restritos e democracias frequentemente interrompidas.

No caso especifico do Brasil, país que viveu mais de 2/3 da sua história sob o regime de trabalho escravo, a transição do escravismo para o capitalismo dependente que ocorreu entre 1850 e 1888 possibilitou a implantação de uma modernização conservadora a medida que os protagonistas da sociedade escravista eram os mesmos que lideraram as transformações capitalistas.[10] Por isto, constituiu-se no Brasil, um Estado que direciona as suas ações para a concentração da renda e patrimônio, manutenção de uma concepção restrita de cidadania e que tem na violência sistêmica a sua pratica central.[11]

Por isto que, no Brasil, a fase da ilustração do jornalismo foi rapidamente transfigurada para a etapa industrial mas com o controle de certas "oligarquias" que instrumentalizavam a atividade do jornalismo como forma de negociação junto aos poderes

---

[10] Ver MOURA, C. *Dialética radical do Brasil negro*. S. Paulo: Anita Garibaldi, 2014.
[11] Ver OLIVEIRA, D. *A luta contra o racismo no Brasil* S. Paulo: Fórum, 2017, especialmente o cap. 1 – Ä luta contra o racismo é uma luta anticapitalista.

constituídos. O que se chama de esfera pública (ou mesmo sociedade civil) no Brasil é algo quase que fictício, tendo em vista a captura da atividade jornalística por um circuito de controladores dos bens econômicos que pressionam o Estado para os seus interesses. Assim, os procedimentos de produção industrial que deslocam o jornalismo de uma perspectiva do esclarecimento para um negócio comercial, por aqui serviu para potencializar os poderes oligárquicos de determinados grupos. Grande parte das empresas jornalísticas são deficitárias, não se constituem dentro dos parâmetros de uma indústria cultural e são iniciativas de pessoas ou grupos que buscam benesses do poder.[12]

É por isto que o professor José Marques de Melo afirma, em sua obra clássica *Jornalismo Opinativo*[13], que os editoriais (colunas nas quais o órgão de imprensa expressa sua opinião institucional) se dirige muito mais ao Estado que à sociedade. Segundo o

---

[12] A respeito do caráter deficitário do negócio do jornalismo no Brasil, ver a tese de livre-docência de BORIN, J *Imprensa: empresas e negócios*. S. Paulo: ECA/USP, 1992.

[13] MELO, J. M . *A opinião no jornalismo brasileiro*. Petrópolis: Vozes, 1994

professor, isto ocorre por conta das debilidades da sociedade civil brasileira. Não se busca persuadir ou construir hegemonias no âmbito da sociedade civil, mas sim pressionar determinados setores para os negócios particulares. No fim, as noticias são apenas pretextos escritos nos versos dos recados indiretos enviados de poderosos a outros poderosos.

De qualquer forma, fica esta questão originaria que mostra o caráter ambivalente do jornalismo – uma atividade que nasce de um arranjo institucional motivado pelo dinamismo comercial mas que se apresenta com o objetivo de fomentar o debate publico e que, com o desenrolar do capitalismo, passa a ser produzido dentro das lógicas produtivas industriais.

Dennis de Oliveira. *Iniciação aos Estudos de Jornalismo*. São Paulo: Abya Yala, 2020.

Capítulo 2 – Jornalismo, ética e veracidade

Bernardo Kucinsky afirma categoricamente que o jornalismo é a única atividade que se define pela ética. Segundo ele, não existe um bom jornalista que não seja ético, pois a função social do jornalismo é permeada por princípios éticos, sendo o principal deles, a defesa do interesse público.[14]

Um dos cânones dos princípios éticos do jornalismo, repisado em vários manuais de redação e códigos normativos de ética é *a imparcialidade ou a neutralidade*. E o interessante é que o jornalismo *não nasceu* dentro destes princípios, eles foram sendo incorporados nos seus cânones éticos à medida que a atividade foi se deslocando para uma perspectiva mercadológica.

---

[14] KUCINSKY, B . *A síndrome da antena parabólica*. S. Paulo: Perseu Abramo, 2010

Dennis de Oliveira. *Iniciação aos Estudos de Jornalismo*. São Paulo: Abya Yala, 2020.

O jornalismo nasceu como uma atividade de causa, de expandir as opiniões que circulavam nos restritos circuitos da nascente esfera pública. Assim, os jornais eram iniciativas de grupos ou pessoas que queriam defender uma causa, uma posição, seja ela politica ou mesmo no campo estético. Veja o caso do Brasil em que o primeiro jornal brasileiro nasce censurado porque foi criado para defender uma causa – a da independência do Brasil.

E porque o deslocamento para uma perspectiva mercadológica traz consigo a ideia de imparcialidade e neutralidade? Porque o jornalismo se desloca de uma atividade de defesa da causa para a da prestação de um *serviço*, a informação (que é diferenciada da opinião). É justamente aqui que nasce a figura do jornalista profissional. E a ideia da imparcialidade ou da neutralidade tem muita conexão com a primeira noção de direitos humanos, que se centrava na pretensa defesa do "sujeito cidadão" de eventuais abusos do Estado. Assim, a liberdade significava justamente a "negatividade" do Estado e isto transfigurado para o jornalismo, na sua pretensa "independência" do Estado e todas as suas instituições mediadoras (como, por exemplo, os partidos políticos). É necessário dizer que esta concepção de direitos humanos (vinculada a negatividade do Estado e uma autonomia plena do cidadão) se conecta também com a liberalização do capital (e a negação de qualquer intervenção do Estado na economia). Por isto, liberalismo político e econômico se confundem aqui.

À medida que o jornalismo vai se transformando em um empreendedorismo burguês, esta ideia de liberdade como autonomia perante à sociedade politica se consolida. Daí que enquanto na esfera pública política há o confronto de opiniões e posições dos pretendentes a obter a hegemonia no poder; caberia ao jornalismo meramente *informar* ao cidadão, protegendo-o de ser "manipulado" pelas opiniões em confronto. A impostura da neutralidade e da imparcialidade brota disto, deste reposicionamento institucional do jornalismo na sociedade liberal.[15]

---

[15] Sobre a "impostura da neutralidade" como um problema ético do jornalismo, ver a obra de BUCCI, E. *Sobre ética e imprensa*. S. Paulo: Cia das Letras, 2000

Em um conto de 1944, intitulado *Funes, o memorioso*, o escritor argentino Jorge Luis Borges mostra o projeto de um personagem de construir uma linguagem que supere as imperfeições das generalidades – como, por exemplo, ao dizer a palavra "cadeira", referimos a qualquer cadeira e não uma específica. Borges propõe que cada objeto existente no mundo fosse simbolizado por um numero de forma que teríamos uma codificação exata. Este mesmo personagem, na sua busca pela extrema exatidão, demorava um dia inteiro para contar o dia anterior.

O mesmo Borges, no conto *O etnógrafo* (publicado pela primeira vez em 1969) fala de um pesquisador que não consegue relatar em palavras uma experiência que teve com determinado povo que foi pesquisar. Segundo o personagem, a experiência foi tão rica que não havia codificação verbal suficiente para expressá-la.

Quando uma pessoa vai a uma festa, fica durante umas quatro ou cinco horas. No dia seguinte, ao encontrar um amigo ou amiga, conta esta festa em 10, 15, 30 minutos – nunca irá demorar exatamente o mesmo tempo que esteve nela.

Dennis de Oliveira. *Iniciação aos Estudos de Jornalismo*. São Paulo: Abya Yala, 2020.

O que queremos dizer com isto que qualquer narrativa – inclusive *a jornalística* – é uma construção na qual operam processos de seleção, hierarquização e combinações. Por isto que, voltando ao exemplo da festa, se uma outra pessoa contar esta mesma festa, irá fazê-lo de outra forma, as narrativas não serão as mesmas.

E isto não significa necessariamente que alguma delas está mentindo. Assim como na ideia de um copo com metade de água – tanto faz dizer que ele está meio cheio ou meio vazio, embora estas duas formas de dizer sinalizem para uma visão mais otimista (meio cheio) ou mais pessimista (meio vazio).

O grande problema da imparcialidade e neutralidade é que se busca uma exatidão positiva para a construção da narrativa de um fato. Como se os fatos pudessem ser vistos apenas a partir de uma ótica. Embora esta ideia já esteja suficientemente contestada, é muito comum ouvir de jornalistas este argumento como álibi contra criticas que são feitas a produções jornalísticas: que eles apenas retratam a verdade e que não tem compromisso com nenhum grupo.

Articulado com estes conceitos de imparcialidade e neutralidade, aparece um outro que é a objetividade. A confusão destes três aumenta ainda mais o problema.

Perseu Abramo defende que imparcialidade e neutralidade não tem nada a ver com objetividade. Quando se fala em imparcialidade e neutralidade refere-se a uma dimensão postural do sujeito que narra; já a objetividade está vinculada ao método de captação e apuração.[16]

De fato, o que caracteriza o jornalismo é justamente ele basear sua narrativa em uma captação empírica de dados e testemunhos. E também de toda a sua narrativa estar alicerçada em fatos que comprovadamente aconteceram. Nisto ele se distingue da ficção. Claro que esta objetividade, além de um procedimento metodológico, é uma busca, um devir, mas que não se vislumbra chegar a uma plena exatidão simplesmente porque ela não existe. Além disto, como o principal método de apuração do jornalismo é a coleta de testemunhos por meio de entrevistas, a base

---

[16] ABRAMO, P. *Padrões de manipulação da grande imprensa*. S. Paulo: Perseu Abramo, 2016

para a reconstrução dos fenômenos é sempre apreensões *subjetivas* das fontes.

Em sendo assim, onde se situa a ética jornalística? Certamente que não na impostura da neutralidade e/ou imparcialidade, mas sim na veracidade dos dados levantados e na busca pela objetividade como método de apuração. E isto ocorre justamente porque a legitimidade da narrativa do jornalismo se constrói no peso que ela tem na opinião pública. Uma narrativa jornalística se apresenta como um retrato da realidade e que será levada em conta desta forma na construção das opiniões dos sujeitos, nas tomadas de decisões, nas avaliações, etc. Dai que erros jornalísticos costumam ter consequências terríveis em termos de assassinatos de reputações, em destruição de imagens publicas de pessoas, entre outros. Mais que isto, uma sociedade democrática que necessita de uma esfera pública funcionando plenamente precisa que o jornalismo forneça as informações necessárias para os cidadãos tomarem suas decisões e firmarem suas posições de forma racional.

A imparcialidade e neutralidade também são mitos ao verificarmos que em todo o processo de produção jornalística operam-se mecanismos de seleção e hierarquização. Podemos representar a instituição jornalística como uma usina onde os fatos (matérias primas) entram e são processados e fornecidos para a sociedade como noticias (produto manufaturado)

Figura 1 – Jornalismo como usina de produção

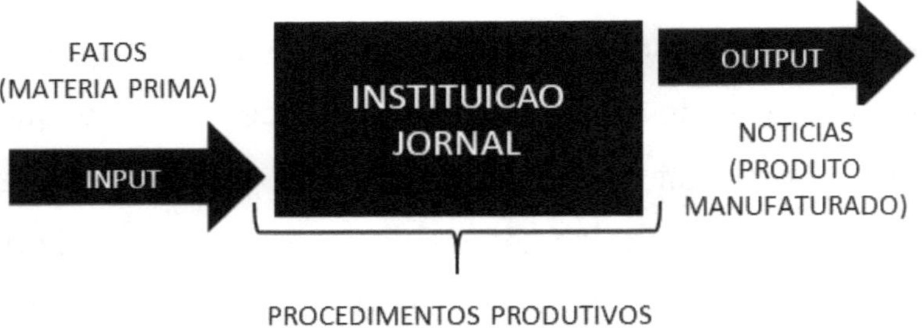

Elaborado pelo autor

Nos procedimentos produtivos da instituição jornal, temos as seguintes etapas básicas:

- **Pauta** (que é o agendamento do que vai sair na edição do jornal em qualquer suporte)

- **Captação** (o trabalho de apuração da pauta feito pelo repórter)

- **Redação** (a produção do texto jornalístico, verbal e não verbal)

- **Edição final** (a organização geral do produto, paginação, edição de imagens, áudio, para gerar o produto final)

Note-se que em cada uma destas etapas operam mecanismos de seleção e hierarquização. Nem tudo o que acontece é noticia, o jornalismo opera um processo de seleção para definir quais fatos merecem ou não ser noticiados e em qual peso. Além disto, em qual perspectiva tais fatos devem ser abordados, que implica na angulação a ser dada para a pauta.

Na captação, a reconstrução do acontecimento ocorre por meio da coleta de testemunhos, de busca de informações em arquivos, da organização de dados, entre outros. Evidente que nesta etapa também se operam escolhas. Quais fontes serão entrevistadas? Quais perguntas serão feita a estas fontes? O que se espera com estas entrevistas? Quais dados de arquivo serão buscados e como serão utilizados? Há uma grande margem de escolha neste momento que, certamente, irá sinalizar para a perspectiva na qual a pauta será abordada.

Depois, na redação do texto, o grande dilema do jornalista: quase sempre o total de informação apurado supera – e muito – o que cabe na publicação, seja ela impressa, on line, televisão ou radio. A operação "tesoura" entra em cena aqui e isto implica em novas escolhas para o jornalista – o que entra, o que será descartado, etc. Mesmo em termos de imagens, sejam elas fixas (fotografias) ou em movimento (vídeos) – quais imagens serão aproveitadas e quais descartadas. E além disto, a organização das informações no texto também sinaliza para o grau de importância dado pelo jornalista a cada elemento captado.

E, finalmente, a edição final, que significa determinar quais matérias serão priorizadas e serão colocadas na capa do jornal impresso, citadas na

Dennis de Oliveira. *Iniciação aos Estudos de Jornalismo*. São Paulo: Abya Yala, 2020.

escalada[17] do telejornal, ocuparão a página principal do portal de notícias, ou ainda que terão mais espaço.

No fim, o que o público recebe, seja do jornal impresso, do telejornal, do radiojornal, do portal de notícias, é uma leitura da realidade. E que não é necessariamente uma mentira, pois uma verdade pode ser contada de diversas formas, assim como o relato de pessoas que foram a uma festa.

Estas leituras da realidade ocorrem nos veículos jornalísticos por diversos motivos. O primeiro deles é a expressão da ideologia do veículo. Ideologia compreendemos como uma visão de mundo que articula a forma de se pensar a realidade.

As empresas jornalísticas pertencem a grupos que estão nas instâncias do poder, que partilham dos mecanismos sociais que constroem a hegemonia social. O que não significa que todas sejam exatamente iguais. Há uma unidade dentro de determinados princípios ideológicos e uma diversidade dos caminhos em que tais princípios devam ser garantidos.

---

[17] Escalada é o termo utilizado para designar a chamada das principais matérias de um telejornal feita logo na abertura do programa.

No capitalismo, o jornalismo se articula com valores como a defesa do livre-mercado, da propriedade privada dos meios de produção, da defesa da livre iniciativa burguesa. Por isto que quando o jornalismo hegemônico fala de defesa da democracia, quase sempre está falando da "democracia burguesa", isto é, deste arranjo institucional construído na emergência das revoluções burguesas do século XVIII. E qualquer outro modelo de sistema politico que se afaste deste paradigma será sempre visto como "desvio". A ideologia é justamente a universalização de um modelo que se transforma em paradigma absoluto e, a partir dele, se tecem as considerações e avaliações sobre eventuais experiências que se desviam.

Alguns exemplos são ilustrativos disto. A legislação brasileira fala que o direito à propriedade privada está subsumido a sua "função social". Isto significa que a propriedade é permitida para o uso do seu proprietário ou a quem ele delegue, seja a sua moradia, um uso comercial ou exploratório de recursos. Um terreno abandonado há tempos, sem qualquer uso e ainda gerando problemas para outros cidadãos, como acúmulo de lixo, pode, legalmente, ser desapropriado pelo Poder Público para fins sociais (como a construção de casas populares, entre outros). E é com base nisto que movimentos que lutam por moradia utilizam a tática de ocupação de terrenos abandonados. O jornalismo hegemônico trata esta ação destes movimentos como "invasão", termo que carrega um tom de ilicitude, ilegalidade e até criminalidade. E diante disto, procuram saber de providencias das autoridades quanto a restauração da ordem interrompida por esta "invasão".

Porém, o termo invasão não é utilizado quando ações como esta são praticadas por setores hegemônicos do capitalismo. Em 2016, matéria da Folha de S. Paulo afirma que o então prefeito da cidade, João Doria, "ocupava" uma área pública em sua propriedade. O movimento social invade, o proprietário ocupa. As duas manchetes do mesmo jornal estão a seguir para conferir:

Dennis de Oliveira. *Iniciação aos Estudos de Jornalismo*. São Paulo: Abya Yala, 2020.

Imagens: Portal UOL Notícias / Folha de S. Paulo

O que está implícito nestas escolhas das palavras é o aspecto ideológico. Pode-se também usar como exemplos, o uso do termo "ocupação" nas ações militares das superpotências em países da periferia do capitalismo, como é o caso dos territórios palestinos invadidos por Israel (anexação esta que, inclusive, não é reconhecida pela ONU) mas que a mídia trata como "territórios ocupados".

Não se trata de mero jogo de retórica. Ocupação denota uma relativização da propriedade originaria contestada pela ação de estar presente naquela localidade; invasão sinaliza para um ato ilícito, um desrespeito a propriedade do outro, uma ilegalidade.

Outra ilegalidade que é tratada como uma atitude comum é o não registro em carteira de trabalho. A legislação brasileira até 2018 obrigava que o empregador registrasse os seus funcionários em carteira e, com isto, recolhesse todos os tributos previstos em lei. O não registro implica tanto em sonegação fiscal como também em retirada de direitos trabalhistas dos empregados. Apesar deste tipo de contratação não ser prevista em lei, o jornalismo brasileiro trata como "emprego informal" sem qualquer consideração de que tal prática é irregular.

Informalidade e trabalho autônomo batem recorde no Brasil

Para voltar ao mercado de trabalho, brasileiros optam cada vez mais por empregos informais, sem recolhimento de impostos nem benefícios

ECONOMIA

Karla Dunder, do R7

06/11/2018 - 05h00 (Atualizado em 06/11/2018 - 08h19)

1.1k
COMPARTILHAMENTOS

Joel vende alho e temperos nas ruas e desistiu de procurar emprego com carteira
Arquivo Pessoal

Joel Costa, de 51 anos, trabalhava como segurança em uma empresa privada há dois anos, quando a crise econômica lhe tirou o emprego. Para não ficar sem dinheiro no bolso no final do mês, ele decidiu 'abrir' um ponto na rua para vender alho e temperos na zona norte de São Paulo.

"Não é o ideal, mas é melhor que ficar parado, não é?", conta.

Costa e outros 35 milhões de brasileiros trabalham hoje na informalidade, **com empregos sem carteira assinada** (11,5 milhões) ou trabalhando por conta própria (23,5 milhões).

Enquanto cai lentamente o **desemprego no país**, as duas modalidades de trabalho batem recorde no Brasil, segundo dados da **PNAD** (Pesquisa

Imagem: Portal R7

Dennis de Oliveira. *Iniciação aos Estudos de Jornalismo*. São Paulo: Abya Yala, 2020.

Evidente que há veículos jornalísticos que fazem o contraponto a esta visão ideológica dominante. Jornais alternativos, de movimentos sociais, de organizações de esquerda apresentam outra perspectiva.

Por exemplo, observem as capas dos portais da revista Fórum (www.revistaforum.com.br) e do UOL (Universo On Line) para se perceber as diferenças de hierarquias e abordagens (inferidas pelas próprias manchetes e chamadas). Não significa que nenhum dos veículos jornalísticos esteja "mentindo", mas são leituras distintas da realidade.

E é por isto que as estruturas de produção dos veículos jornalísticos são verticalizadas. A pauta é feita pelo comando da redação, pelo redator-chefe, editor ou secretário de redação. Estes cargos são de confiança do proprietário do veículo.

Capítulo 3 – A pauta

A pauta do veículo jornalístico é o que em outros países chama-se de "agenda". Trata-se dos assuntos que serão abordados na edição do veículo. Nesta definição da pauta, entram alguns aspectos importantes.

O primeiro destes é a manutenção de um "contrato" estabelecido entre o veículo jornalístico e o seu público. Todo o leitor de um jornal, revista, portal de notícias, um telespectador de um telejornal ou o ouvinte de um programa de radiojornalismo têm uma "expectativa" do tipo de assunto e a abordagem que ele apresentará. Por exemplo, se eu entro em um portal de notícias sobre economia, a minha expectativa é que a pauta irá tratar de assuntos econômicos e não sobre a cobertura da final do campeonato brasileiro de futebol (a não ser que aborde este fato na perspectiva econômica, por exemplo, o faturamento, empresas que lucraram ou tiveram prejuízo com isto, etc).

Se eu compro uma revista de automóveis, a minha expectativa é encontrar matérias sobre novos lançamentos de veículos e outros assuntos referentes a este tema. Se eu assisto a um telejornal local, espero ver notícias sobre a cidade que resido, problemas de trânsito, medidas da prefeitura, serviços, entre outros.

Ou então se eu estiver vendo o portal de notícias de uma central sindical, minha expectativa é encontrar matérias sobre direitos dos trabalhadores, resultados de campanhas salariais, movimentos grevistas que estejam ocorrendo, entre outros.

Este "contrato" está vinculado a um perfil de público e os interesses que se supõem ser deste público. Mesmo os veículos jornalísticos não segmentados também tem um perfil de público – que pode ser segmentado nos seus cadernos e editorias (política, economia, esporte, cultura) – e também por níveis sócio-econômicos (existem veículos jornalísticos voltados para empresários, classes medias urbanas, trabalhadores).

Evidente que estas definições são necessárias pois o jornalismo depende de uma sustentabilidade garantida por vendas e assinaturas (no caso de veículos impressos, principalmente) e verbas publicitárias. Os anunciantes vão direcionar seus investimentos publicitários para determinados veículos de acordo com suas estratégias de comunicação. Os departamentos comerciais das empresas jornalísticas utilizam estes dados do perfil de público, inclusive, para buscar estes recursos publicitários.

Na internet, o processo é um pouco mais complexo. As redes sociais, gerenciadas por empresas gigantescas como *Facebook, Google* e outros, estabelecem perfis de público a partir dos acessos e, com isto, procuram gerar uma propaganda customizada e direcionada para aquele público. Se você, por exemplo, entrar no sistema de buscas do *Google* para procurar móveis domésticos para compra, a tendência é que nas vezes seguintes que você for procurar no *Google*, aparecer uma barra de anúncios de lojas de móveis. Na prática, o nosso uso da internet é "vigiado" e "controlado" por estas empresas gerenciadoras das plataformas que, com isto, "vendem" os perfis dos usuários. Assim, abriram-se possibilidades de iniciativas midiáticas que tenham um grande número de acessos "monetizarem" seus sites, vídeos, áudios, podcasts, recebendo uma parcela destes recursos publicitários auferidos pelos gerenciadores destas plataformas. Isto até gerou um novo tipo de "empreendedorismo" digital, *os youtubers e os digital influencers.*

Entretanto, a definição dos assuntos e a sua abordagem a partir de uma expectativa que o público potencial tem é feita a partir de uma avaliação subjetiva do comando do veículo, pois não seria possível que a todo momento se faça uma pesquisa para saber o que este público desejaria ver noticiado. **É aqui que entra o segundo aspecto da definição da pauta – o ideológico.**

O que significa isto? Que ao definir os assuntos que potencialmente o público quer ver, já se parte da consideração que o que é "importante" para este público é este assunto e não outro, que tal abordagem é mais adequada e não outra, assim por diante.

Um exemplo disto são os programas de noticiário policial geralmente exibidos no final da tarde em emissoras abertas de televisão. Estes programas são oriundos de experiências do rádio, como os antigos programas do Gil Gomes[18] e do Afanasio Jhazadi[19]. A expectativa das emissoras é que tais programas tenham audiências

---

[18] Gil Gomes (1940-2018), ex-reporter policial da antiga Rádio Marconi, apresentava um programa de noticiário policial na Rádio Tupi nos anos 1970 e 1980.

[19] Afanásio Jhzadi apresentava um programa de noticiário policial nas rádios Globo e Capital, em S. Paulo, nos anos 1980 e depois foi deputado estadual em SP.

nas classes C, D e E, tratam de situações de violência extrema nos bairros periféricos e adotam um tom de defesa da repressão policial. Com isto, associam diretamente periferia a violência. E que o único serviço público que precisa ser cobrado nas periferias é a repressão policial.

É uma perspectiva ideológica de se tratar a periferia. Evidente que os bairros periféricos sofrem com a violência, porém há muitas outras carências nestas localidades – saúde, educação, transporte público. E além disto, os seus moradores não se dividem automaticamente em "bandidos" e "vítimas da bandidagem": há cidadãos que protagonizam ações pouco visibilizadas no jornalismo, como projetos sociais e culturais, lutas por melhorias nos equipamentos sociais, entre outros.

Nos veículos alternativos, esta marca ideológica é mais explícita. Isto porque o objetivo de tais veículos não é apenas comercial, mas também impactar a agenda dos debates públicos com outras perspectivas (por isto, são alternativos). E, em alguns casos, tais veículos explicitam o seu aspecto doutrinário, de defesa de determinadas posições. Não que isto não esteja presente também em veículos jornalísticos hegemônicos mas que nestes há a preocupação comercial – são iniciativas empresariais, a busca principal é pelo lucro.

Estes dois grandes parâmetros gerais (o perfil do público esperado e a perspectiva ideológica) se articulam no que chamamos *linha editorial.* Todo veículo jornalístico tem uma "cara" que é a sua proposta de abordagem dos assuntos. As preferencias do público ante a um veiculo ou outro se configura em um "pacto" com a linha editorial daquele veículo.[20]

Este pacto – que, no jornalismo hegemônico, se consubstancia em um acordo comercial – é interpretado por veículos que detém grande audiência como um indicador de representação. Nas primeiras versões *do Manual Geral de Redação da Folha de S. Paulo*, este órgão jornalístico dizia que o leitor, ao assinar ou comprar o jornal, conferia-lhe um "mandato" de representar os seus interesses. Por isto, os veículos do jornalismo hegemônico se comportam como

---

[20] A respeito do conceito de "linha editorial", ver a obra de VENANCIO, R. D. O. *Jornalismo e linha editorial: construção de notícias na imprensa partidária e comercial.* Rio de Janeiro: E-papers, 2009

grandes "demiurgos" da verdade e da vontade do público, conforme afirma Perseu Abramo.[21] E é por conta disto que se configura uma certa confusão entre **INTERESSE PÚBLICO** e **INTERESSE DO PÚBLICO**.

Interesse público parte de uma interpretação, uma dimensão avaliativa da realidade. É observar quais assuntos, fatos, decisões que afetam a vida da totalidade ou da maioria das pessoas, direta ou indiretamente. Por exemplo, uma mudança na legislação de segurança de veículos automotores é de interesse público e deveria ser pauta de destaque em uma publicação especializada em automóveis. Ou a mudança na base curricular do ensino médio para todo o cidadão, pois isto afeta a educação de adolescentes e jovens.

Muitas vezes, a cobertura de tais assuntos é um tanto estéril e abstrata, as vezes de difícil compreensão. Compete ao jornalista construir estratégias que possibilitem ao público do seu veículo perceber a sua importância, mostrar os impactos no seu cotidiano, etc.

---

[21] ABRAMO, P, *op cit*

E, ao contrário disto, o fato de uma celebridade ter casado com pompas com outra celebridade pode ter mais preferencia. E isto se deve a uma característica da cultura de massa que é a disseminação de fatos da vida privada e íntima de pessoas célebres gerando um gosto por estas informações.

Na ótica do dono do veículo que quer audiência, este interesse do público pela vida privada das curiosidades se equivale a interesse público. Porque para ele, o que importa é vender o seu produto. O "cliente" sempre tem razão. Mas o jornalista não é um garçom ou um mero serviçal. Uma das atividades do seu trabalho intelectual é justamente a capacidade avaliativa de detectar do conjunto de fatos que ocorrem aqueles que podem impactar a vida da maioria dos cidadãos. E, mais que avaliar, saber transmitir esta importância.

Este mesmo dilema ocorre em jornalistas que trabalham em assessorias de imprensa. Esta função que cada vez mais cresce e absorve profissionais do jornalismo tem como objetivo gerenciar as relações entre os assessorados (que podem ser empresas, órgãos governamentais e não governamentais, movimentos sociais, celebridades, entre outros) e os veículos jornalísticos. E o bom assessor de imprensa é aquele que sabe discernir dentre as atividades realizadas pelo seu assessorado aquelas que têm potencial jornalístico, isto é, que têm *interesse público* – e saber demonstrar no material que produz para os meios jornalísticos, a relevância de tais atividades.

Nem sempre o assessorado tem esta noção, até porque ele não é jornalista. Ele quer aparecer a qualquer custo. Só que aparecer a qualquer custo já não se trata de jornalismo e sim de propaganda que tem uma outra lógica, é a compra de espaços em veículos de comunicação para divulgar um produto ou marca.

Nesta inflação de informações posta pelas tecnologias de informação e comunicação, o que a sociedade necessita é justamente discernir as informações que são de interesse público.

E isto é justamente o que o jornalismo pode proporcionar e se diferenciar do conjunto de informações que circulam nas redes. Informação qualquer um pode disseminar também, mas avaliar o que é ou não de interesse público é o diferencial do jornalismo.[22]

Esta é a segunda singularidade da informação jornalística – além de se basear na veracidade comprovada dos fatos, ser também um processo de seleção do que é de interesse público. O poder de agendar as discussões pode contribuir mais ou menos para a democracia se o jornalismo se referenciar neste aspecto avaliativo, de saber distinguir o que é interesse público e interesse *do* público. Em alguns casos, estas duas perspectivas se equivalem.

Um incêndio no centro de uma grande cidade é tanto de interesse público como de interesse *do* público. Porém, a cobertura deve dar destaque ao interesse público, como as causas do incêndio, numero de vitimas, providencias, impactos na região, etc. E jamais se curvar exclusivamente ao interesse *do* público, focando em uma dramatização exagerada da situação, aproximando de uma narrativa novelesca,

---

[22] A respeito do papel do jornalismo na sociedade da inflação as informações ver a obra: OLIVEIRA, D. *Os dilemas do jornalismo na sociedade da inflação das informações*. S. Paulo: Abya Yala, 2019

explorando a tragédia que abateu sobre pessoas, entre outras coisas.

Voltando a questão da seleção do que vai ser publicado. Vários estudiosos do jornalismo classificam este primeiro processo de seleção e hierarquização de *valores notícia*. Os valores notícia são os critérios utilizados comumente no jornalismo para definir qual fato será notícia ou não. Importante ressaltar que tais critérios não são exatos, assim como nada é exato no jornalismo. São referências construídas a partir da experiência acumulada na pratica jornalística e sistematizada por alguns estudiosos.

Destes, um dos mais interessantes foi o sistematizado pelo professor da Universidade de Coimbra (Portugal), Nelson Traquina.[23] Com base em estudos empíricos com jornalistas de diversos veículos jornalísticos da Europa, Traquina elencou um conjunto de critérios de noticiabilidade que ele dividiu em:

---

[23] TRAQUINA, N. *Teorias do jornalismo (vols. 1 e 2)*. Florianópolis: Insular, 2005

- **Valores Notícia de Seleção** = referentes a escolha dos assuntos que serão pauta

- **Valores Notícia de Construção** = referentes às informações que serão privilegiadas na construção da noticia (produção do texto)

Os valores notícia de seleção são subdivididos em "critérios substantivos" e "critérios contextuais". Os critérios substantivos referem-se a substancia própria do fato, as suas características singulares. Já os critérios contextuais dizem respeito ao contexto particular da produção jornalística que podem relativizar determinados critérios substantivos. Entre os critérios substantivos, Traquina aponta os seguintes:

a-) morte: em geral notícias de morte, principalmente de pessoas públicas, tendem a ser notícia. Apesar da morte ser a única coisa certa para quem está vivo, a sua ocorrência sempre será um impacto. Evidente que mortes ocorrem todos os dias e nem todas são notícia – o que irá selecionar quais mortes são ou não noticiadas, são outros critérios, em especial o da notoriedade.

b-) notoriedade: existem personalidades que tem visibilidade pública e o jornalismo tende a dar destaque para as ocorrências – positivas ou negativas – que afetam tais pessoas. A notoriedade pode ser por conta da ocupação de cargos públicos, de poder, celebridades midiáticas, entre outras. Aqui entra o conflito interesse público/interesse do público. Embora haja uma curiosidade por parte do público de coisas da vida privada destas notoriedades, é fundamental para o jornalista discernir os acontecimentos que envolvem tal pessoa que sejam de interesse público e não invadir a sua privacidade, que também é um direito delas. Alguns donos de veículos jornalísticos defendem a tese de que tais pessoas, ao terem visibilidade pública, seriam obrigados a concordar com uma "relativização" da sua privacidade.

Esta visão é problemática, primeiro por desrespeitar um direito básico de qualquer pessoa que é a preservação da sua privacidade. E, segundo, por abrir um espaço enorme de interpretação por parte dos veículos para definir até onde vai esta tal "relativização". Além disto, as celebridades contam com staffs que as assessoram e, inclusive, "criam" situações aparentemente da vida privada, mas já com o objetivo de impactar na mídia e gerar certa visibilidade – aí, o jornalismo acaba sendo o inocente útil de um esquema de gerenciamento de imagens.

Por isto, o critério é o interesse público da informação. Se uma celebridade tem atitudes de interesse público e isto ocorre dentro de um universo da sua vida privada, a disseminação desta informação deve ser feita, ainda que, em certa medida, ela rompa com a fronteira da privacidade. Por exemplo, em um jantar privado, com familiares ou amigos, uma determinada figura politica toma decisões ou firma acordos que impactará o orçamento público. A privacidade do evento (o jantar privado com familiares ou amigos) não pode servir como óbice à divulgação desta informação que tem claro interesse público.

c-) proximidade: a premissa é que quanto mais próximo do público do veículo, maior o interesse em consumir a informação. Esta é a base do jornalismo local e comunitário: dar visibilidade a problemas próximos a vida do seu público, como situações no trânsito, problemas no bairro, ações dos poderes locais, eventos próximos, entre outros. A proximidade, inclusive, sinaliza para o que é ou não de interesse público.

Porém, a proximidade não é apenas do ponto de vista territorial ou geográfico, mas também cultural. Se, por exemplo, produzo um veículo jornalístico voltado para uma comunidade periférica "x" que tem um problema com o acúmulo de lixo e uma outra comunidade "y" tem problema semelhante e conseguiu resolvê-lo implantando um programa de reciclagem financiado por uma instituição, este assunto embora distante *territorialmente* se encaixa em uma proximidade *cultural*.

d-) relevância: o conceito de relevância, embora listado como um dos elementos, deveria ser o grande balizador dos valores notícia. Relevância se mede pelo impacto que determinado assunto tem na maioria ou na totalidade das pessoas. E isto independe de gostos eventuais do público ou não. Por exemplo, parte significativa da população pode detestar a política, mas a cobertura de processos eleitorais é de extrema relevância pois a decisão irá impactar a vida das pessoas. Assim como a economia, a princípio, pode parecer um assunto estéril e de difícil compreensão, mas decisões econômicas têm impacto na vida da população.

Este talvez seja o maior desafio do jornalista: ter capacidade de avaliar os assuntos de relevância para além das preferências e dos sensos-comuns e saber transmiti-los de forma que rompa com estas barreiras dos gostos pessoais ou dificuldades de compreensão.

e-) novidade: a primeira tese de jornalismo conhecida na história foi de Tobias Peucer, intitulada *Relatos Jornalísticos*, e é de 1695, na Universidade de Leipzig, na Alemanha. Peucer afirma que o jornalismo supre uma necessidade do ser humano da sociedade de então que é estar conectado com o processo em que se desenrola a história, isto é, a demanda das novidades. Existe um ditado já antigo, dos tempos em que quase que só havia o jornalismo impresso, de que não existe nada mais velho que o "jornal do dia anterior"- serve só para embrulhar peixe ou usar com os pets (há bancas de jornais que vendem jornais velhos para isto).[24]

Enfim, jornalismo está conectado com a novidade, assuntos atuais. Quando um fato antigo é noticiado é porque ele se conecta com um dilema atual, por exemplo, uma guerra de dez anos atrás é noticiada para discutir quais são os reflexos atuais dela.

f-) tempo: o jornalismo se caracteriza por uma ritmicidade temporal que é dada pela sua periodicidade. Um jornal diário, por exemplo, se enquadra em uma temporalidade dada pelo dia; um portal da internet com atualizações constantes, a ritmicidade se dá pelo aqui-agora, e assim por diante. A expectativa do público ao consumir estes produtos é dada por uma temporalidade que é oferecida pelo veículo. É claro que eu não espero encontrar os resultados da rodada do campeonato de futebol de

---

[24] PEUCER, T. Os Relatos Jornalísticos. Estudos em Jornalismo e Mídia, Florianópolis, v. 1, n. 2, p. 13-30, jan. 2004. ISSN 1984-6924. Disponível em:
<https://periodicos.ufsc.br/index.php/jornalismo/article/view/2070>. Acesso em: 19 jul. 2020. doi:https://doi.org/10.5007/%x.

ontem em uma revista mensal e nem tampouco um balanço analítico dos fatos do mês em um portal de internet com atualizações a cada minuto (pode até ter, mas não é o principal produto oferecido).

Assim, o valor notícia tempo se conecta com a ritmicidade oferecida pelo veículo ao seu público a partir da sua periodicidade.

g-) notabilidade: o valor notícia notabilidade refere-se a característica do jornalismo tratar de fatos com uma dimensão concreta e não assuntos abstratos. Mesmo quando se propõe a tratar de temas mais abstratos, como por exemplo as condições de trabalho de uma categoria profissional, ela será notícia se estiver conectada a um fato atual, como uma greve desta categoria ou a votação de uma medida que trata da regulamentação do trabalho. É o que se chama popularmente no jornalismo de *gancho*. Jornalismo não são tratados de sociologia, filosofia ou outra ciência mas disseminação de informações de relevância pública. Assim, temas abstratos servem como pano de fundo explicativo para fatos concretos.

Dennis de Oliveira. *Iniciação aos Estudos de Jornalismo*. São Paulo: Abya Yala, 2020.

E o jornalismo científico? Ele também se realiza a partir disto. O que se cobre no jornalismo cientifico são estudos, pesquisas, descobertas no campo da ciência que estejam relacionadas a situações objetivas e notáveis do mundo contemporâneo. Por isto uma coisa é ver um veículo jornalístico científico e outra é ler uma publicação científica acadêmica – a primeira é para o público em geral entender as contribuições da ciência para a sociedade de forma direta ou indireta, a outra é uma narrativa entre pares dos campos científicos e circula no campo acadêmico.

h-) inesperado: Há um ditado clássico no jornalismo que diz: "quando um cachorro morde um homem não é notícia; quando um homem morde um cachorro aí é notícia." Qual a ideia deste ditado? De que tudo que sai do transcurso normal dos acontecimentos tende a ser notícia pelo seu caráter inesperado. Acidentes, tragédias, mortes inesperadas entre outros costumam ter destaque. Assim como medidas de impacto de ocupantes do poder, como renuncias de governantes, pacotes econômicos, entre outros.

Este critério de noticiabilidade é o que garante o caráter *sensacional* do jornalismo, de onde surge o vício do *sensacionalismo*, o de explorar no limite estes aspectos impactantes no sentimento do público para aumentá-lo. Por que um vício? Justamente por novamente submeter o aspecto do interesse público ao interesse do público, o de se pautar apenas pela curiosidade, pela emoção do impacto e, inclusive, explorar a dor de pessoas envolvidas em tragédias, por exemplo.

Volto a afirmar: o papel do jornalismo é possibilitar que o sujeito exerça a sua cidadania na sociedade democrática tendo informações suficientes que o permita refletir como os processos ocorrem e se desdobrem. O sensacionalismo impede isto. O inesperado é um critério de noticiabilidade mas não pode ser a porta de entrada para o vício do sensacionalismo.

i-) conflito: este critério de noticiabilidade é dado pela seguinte assertiva: todo o fato controverso, que gera debate ou conflito de ideias tende a ser noticia. Por exemplo, disputas eleitorais, votações no Parlamento, polêmicas na arbitragem da final do campeonato de futebol, uma peça teatral que trata de um assunto polêmico, entre outros. É neste momento, inclusive, que se espera do jornalismo um equilíbrio de posições que não se esgota apenas em registrar os lados do conflito mas também trazer informações que permitam ao público se posicionar.

Quando o Brasil adotou a política de cotas raciais para ingresso nas universidades públicas pela lei 12.711/2012 e até um pouco antes com universidades já adotando este sistema, boa parte da mídia jornalística hegemônica não só se colocou contrária como também limitou a discussão a artigos opinativos que defendiam ou contrariavam a política. Alguns argumentos dos que criticavam a medida como queda na qualidade das instituições com a presença de alunos cotistas, acirramento do racismo nas universidades, evasão ou baixo desempenho dos cotistas, entre outros, não foram refletidos em *reportagens jornalísticas* que compilassem dados, posicionamentos dos alunos e professores, entre outros.

A revista *Isto É* fez uma reportagem grande em janeiro de 2016 intitulada "As cotas deram certo" com dados que desmentem o argumento da evasão e do baixo desempenho. E também falou com alunos cotistas satisfeitos com a política de cotas. Os dados sobre o desempenho dos cotistas devem ser utilizados para interpelar os que criticam as cotas quando estes falam da "queda de qualidade". Assim como os vários casos de violência racial que ocorreram nas universidades devem ser interpelados junto aos defensores das cotas.

Qual o objetivo disto? Forçar as fontes que opinam a aperfeiçoarem os seus argumentos e, assim, qualificar o debate. Jornalismo não é só um aparelho *receiver* para ampliar as vozes das fontes, mas uma instituição que as interpela e, para isto, precisa ir além do jornalismo declaratório.

O maior problema da cobertura jornalística em relação as cotas não foi o posicionamento majoritário contra mas a forma pouco qualificada que tratou esta polêmica que ainda, na sociedade, é marcada por *opinionismos* com pouca base de sustentação.

j-) infração/escândalo: Os fatos ou eventos que demonstrem uma infração a normas vigentes tendem a ser noticiados. Exemplos: desrespeito a legislação de agentes públicos, casos de corrupção ou até mesmo o noticiário policial, com os delitos e crimes cometidos. Os escândalos são as infrações de grande monta como aqueles que envolvem pessoas do poder (exemplo: o episódio do impeachment de Collor, o caso WaterGate, entre outros).

O objetivo da cobertura noticiosa é cobrar das autoridades a apuração dos fatos e o julgamento e punição dos responsáveis. Entretanto, neste trabalho, é fundamental o jornalismo não assumir o papel que é atribuído à polícia e ao Judiciário: o jornalismo não é um tribunal e nem executor de penas. Embora a expectativa dos cidadãos e cidadãs é querer que os culpados paguem o que fizeram, os linchamentos midiáticos não podem ocorrer. Por isto, todo cuidado é pouco pois a destruição da reputação de uma pessoa é quase que irreparável.

Outra coisa importante: o critério para se definir se uma infração ou escândalo é notícia é a sua *relevância pública*. Escândalos de vidas pessoais de personalidades públicas por mais que despertem a curiosidade e interesse do público são questionáveis do ponto de vista da relevância pública, principalmente porque tocam em um aspecto muito importante, o *direito à privacidade*. As personalidades públicas evidentemente têm suas vidas publicizadas. É tarefa do jornalista estabelecer as fronteiras entre as atitudes desta personalidade pública que ainda que sejam realizadas dentro da sua vida privada afetem a sua vida pública.

Exemplo: um jogador de futebol famoso, um dia antes de uma importante partida, é encontrado em uma festa durante a madrugada namorando uma pessoa, ao invés de estar na concentração da sua equipe ou se preparando para a partida. No dia do jogo, o seu desempenho é péssimo, abaixo do esperado. Por isto, esta atitude deste atleta é de relevância pública porque se vincula a atividade que ele realiza e que lhe deu visibilidade.

Agora, se este mesmo atleta, durante o seu período de folga, estiver em uma festa com uma pessoa, trata-se de um evento da sua vida privada. O que vai motivar muitas vezes este fato ser noticiado é a curiosidade pela vida privada das celebridades que movimenta uma certa modalidade de "jornalismo de

Dennis de Oliveira. *Iniciação aos Estudos de Jornalismo*. São Paulo: Abya Yala, 2020.

fofocas". O grande problema disto é que muitas vezes estas aparições destas celebridades em ambientes festivos é produto de estratégias de marketing – assim, este tipo de jornalismo, conscientemente ou não, muito mais fortalece estas estratégias de marketing das celebridades do que presta um serviço ao público. E tais celebridades acabam sendo julgadas por pretensos comportamentos pessoais do que as atividades pelas quais viraram celebridades. Exemplo, um jogador de futebol é valorizado pela imagem construída nestas estratégias de comunicação e não pela sua qualidade como jogador; assim como um músico famoso e, indo para o campo da política, um ocupante de cargo de comando.

O pensador britânico John B. Thompson analisa este fenômeno no seu livro *Escândalo politico*. Segundo o autor, a televisão criou uma forma de relacionamento entre cidadã(o) e ocupantes nas esferas de poder em uma lógica passional, como se estas pessoas fizessem parte dos seus círculos de amizade. Boa parte dos políticos aproveitaram desta nova lógica, buscando fortalecer estes vínculos pessoais e, assim, auferirem vitórias em processos eleitorais. Os profissionais de marketing político aproveitaram-se disto.[25]

Quando ocorreram as eleições presidenciais diretas em 1989 no Brasil, vários teóricos analisaram as diferenças entre este e o último pleito presidencial ocorrido no Brasil em 1960 (entre 1964 e 1985 o país viveu sob a ditadura militar que extinguiu as eleições presidenciais diretas). E a principal diferença apontada por vários destes estudiosos foi a presença do chamado *palanque eletrônico*, a mídia televisiva. Enquanto que em 1960, o contato do candidato com o eleitor era por meio dos comícios – e os candidatos se esmeravam em ter uma retórica adequada a estes eventos de praça pública – em 1989, o que contava era ter uma imagem e uma narrativa adequada à televisão.[26]

Porém, este aproveitamento por parte dos políticos, constata Thompson, teve o preço a pagar: ao

---

[25] THOMPSON, J. B. *O escândalo politico: poder e visibilidade na era da mídia*. Petrópolis: Vozes, 2002

[26] Uma análise interessante da comparação destas duas eleições está em RUBIM, A A C. "Comunicação, espaço público e eleições presidenciais." In: Comunicação & Política. São Paulo, 9 (2/3/4): 7-21, 1989.

se colocarem como pessoas que, aparentemente, fazem parte do seu círculo de amizades, os critérios pessoais passam a contar como aspectos valorativos para o exercício da função pública. E Thompson comprova isto quando observa que vários escândalos políticos contemporâneos foram oriundos de condenações morais de comportamentos pessoais, como foi o caso das aventuras amorosas do então presidente dos Estados Unidos, Bill Clinton, e os escândalos da vida privada dos membros da família real britânica. Vejam que em nenhum destes casos, os fatos sinalizaram para impactos na forma do exercício do cargo, mas simplesmente se tratou de comportamentos de ordem pessoal. No caso do então presidente Bill Clinton e suas aventuras amorosas com a sua secretária, o fato foi debatido no aspecto da fidelidade conjugal com Hillary Clinton (esposa do presidente) e não na condenação de um possível assédio, pois se tratava de um relacionamento entre um presidente e uma trabalhadora subordinada (o que seria de relevância pública).

Estes são os critérios substantivos, que se referem a própria substância do fato. Ao lado deles,

Traquina elenca o que ele chama de critérios contextuais que estão vinculados ao contexto da produção da notícia e assim, podem relativizar os critérios substantivos.

Os critérios contextuais segundo Traquina são:

a-) disponibilidade: está vinculado as condições objetivas de poder cobrir determinado fato ou evento. Por exemplo, um jovem de uma pequena cidade do interior de São Paulo vai participar de um campeonato de skate em um país europeu. Uma rádio desta mesma cidade teria interesse em cobrir isto, pois o critério noticia "proximidade" tem forte apelo neste caso para um veículo regional. Porém, quais são as condições desta pequena emissora de radio local em enviar um repórter para a Europa e mantê-lo lá durante um tempo para cobrir o evento? Ou mesmo, um veículo de médio porte quando em determinadas situações tem um grande número de pautas importantes e uma equipe insuficiente para dar conta de tudo, terá que fazer escolhas.

b-) equilíbrio: neste critério, determinados assuntos podem ter sua cobertura reduzida ainda que os critérios substantivos os valorizem por conta de um certo "cansaço". Já se falou muito neste tema, não há muitas novidades e ele, de certa forma, se desgastou.

Observando os veículos jornalísticos em todos os suportes, notamos que determinados temas são repisados constantemente: violência, corrupção, ... são importantes sem dúvida, mas ao serem repisados constantemente sem apresentar perspectivas novas, podem se banalizar de tal forma que perdem o impacto.

c-) visualidade: este critério contextual refere-se a potencialidade de determinadas coberturas renderem imagens. Particularmente em meios audiovisuais, como a televisão, ou mesmo na internet, a presença de imagens é fundamental para que determinada pauta tenha destaque. Assim, determinado evento pode se sustentar por vários critérios substantivos mas se relativizar por este critério contextual. Por exemplo, um caso de violência em um bairro periférico terá que ser pensado como ele será veiculado uma vez que as imagens não puderam ser coletadas por questões de segurança.

d-) concorrência: O jornalismo é uma atividade de natureza pública mas exercida, principalmente, por empresas comerciais. Assim, as empresas concorrem entre si pelo "mercado consumidor de notícias". Determinados eventos, pela sua importância, são cobertos por vários veículos jornalísticos e aí, por conta da concorrência, estes devem buscar diferenciar-se (o que nem sempre acontece). Na elaboração da pauta de cobertura, este elemento precisa ser levado em conta.

e-) dia noticioso: o jornalismo se caracteriza por uma regularidade periódica (seja atualização constante nos portais da internet, veiculação diária nos telejornais e radiojornais ou diários impressos ou semanal e mensal nas revistas impressas e eletrônicas). Entretanto, o desenrolar dos acontecimentos não segue esta mesma regularidade construída pelas lógicas do jornalismo. Há períodos em que os acontecimentos de relevância rareiam (por exemplo, períodos de férias de final de ano) e por esta razão, os critérios substantivos são relativizados. Nestes períodos, determinados assuntos vão para a pauta pela inexistência de outros. O contrário também ocorre, há momentos em que há um excesso de fenômenos importantes e relevantes e, por isto, os critérios de noticiabilidade ficam mais rigorosos.

A construção da pauta é um exercício intelectual em que diversos vetores se cruzam e se combinam. Podemos sintetizar este exercício no gráfico abaixo:

Figura 2 – Construção da pauta

Elaborado pelo autor

Este gráfico demonstra que este processo de elaboração da pauta implica em uma preocupação de manutenção da linha editorial do veículo (que leva em conta tanto o aspecto ideológico como também o perfil do público, pois um veículo jornalístico se sustenta por um "contrato" informal com o seu público) e, a partir daí, estabelecem-se as estruturas nas quais se desenrolam os critérios de noticiabilidade dados pelos valores notícia.

Por esta razão, a pauta do veículo jornalístico é elaborada pelos proprietários ou pessoas de sua confiança. É com base neste "perfil" do veículo que os departamentos comerciais e de marketing buscam vender espaços publicitários. Ou mesmo em se tratando de veículos não comerciais, elaborados por organizações da sociedade civil, movimentos sociais, partidos políticos ou iniciativas de grupos organizados, há uma linha editorial definida. Com base nisto, os comandos das redações dos veículos elaboram as pautas.

Mas e quando se trata de um blogueiro que faz jornalismo de forma solitária? Estes critérios também se aplicam. Este blogueiro precisa estabelecer um determinado perfil de público, uma linha editorial para que construa um "contrato" com este público e, a partir daí construir sua pauta a partir dos critérios de noticiabilidade. Um dos fatores de muitos blogs não irem adiante é porque deixam de levar em conta estes mecanismos.

E o jornalismo imita a vida. Quando você vai a uma reunião de colegas da faculdade elabora uma "pauta" de assuntos que poderá conversar com eles; que não será a mesma "pauta" que terá em uma conversa de família. E o que vincula estas "pautas" diferentes suas é o seu posicionamento politico, ideológico, filosófico, etc. Vamos imaginar que você é uma pessoa que é adepta do veganismo, irá tratar deste assunto de forma distinta entre um círculo de colegas que são veganos e em uma reunião de familiares em que a maioria não é adepta disto. Não significa abrir mão dos seus princípios ou ser "duas caras", mas adaptar a narrativa de acordo com o perfil dos seus interlocutores. Por que você entra em uma conversa esperando que as pessoas te ouçam – assim como o jornalismo, ele espera que o público receba a mensagem que você veiculou.

Resumindo, não é falar o que pensa apenas, mas falar de forma que as pessoas entendam (mesmo que não concordem). E também não só o que você acha importante, mas fazer as pessoas entenderem o porque de tal assunto ser importante.

Por tudo isto, conhecer a realidade da sociedade em que se pretende atuar como jornalista é fundamental. E por esta razão, o repertório intelectual do jornalista é essencial e definidor da sua qualidade – mais que os seus conhecimentos técnicos até porque os suportes técnicos mudam com o tempo.

Capítulo 4 – Captação

Após a definição da pauta, o momento seguinte da produção jornalística é a captação. Uma das características do jornalismo é o rigor metodológico na apuração das informações. E neste rigor metodológico, o critério da *objetividade* transparece como elemento central porque a narrativa jornalística se baseia em fatos objetivamente verificáveis. O método jornalístico é predominantemente *empírico*.

Este empirismo do método jornalístico se conecta com uma outra característica da captação, que é a reconstrução dos fatos a partir dos testemunhos das fontes. E o processo de reconstrução é complexo, pois parte das versões, impressões e boatos das fontes entrevistadas para a construção de indicadores de certezas sobre os temas tratados.

Luís Pereira Junior, na obra *Apuração da Notícia*, afirma que o público espera das narrativas jornalísticas "um chão firme para se posicionar". Apesar da transitoriedade e do relativismo das narrativas sobre fatos, esta busca de indicadores de certeza impõe ao jornalismo uma necessidade de rigor metodológico e uma busca pela exatidão das informações veiculadas.[27]

Primeira dificuldade: Sair das versões, impressões e boatos para a reconstrução dos eventos

Importante o jornalista saber que o compromisso com a veracidade das informações é dele e não da fonte. Além disto, quando se fala em "veracidade das informações", ela não exclui pontos de vista sobre aquele assunto.

Em outubro de 2019, ocorreram eleições para representantes da sociedade civil dos Conselhos Tutelares. Estes espaços são previstos no Estatuto da Criança e Adolescente e têm como objetivo implementar as políticas de garantias aos direitos para crianças e adolescentes conforme a legislação. Durante um bom tempo, estes órgãos foram hegemonizados por pessoas ligadas a organizações religiosas neopentecostais.

---

[27] PEREIRA JR, L. C. *Apuração da noticia – métodos de investigação na imprensa*. Petrópolis: Vozes, 2006

Dennis de Oliveira. *Iniciação aos Estudos de Jornalismo*. São Paulo: Abya Yala, 2020.

Organizações da sociedade civil ligadas a defesa dos direitos humanos se mobilizaram para estas eleições visando uma redução na hegemonia das organizações religiosas neopentecostais nos conselhos. Articularam chapas, fizeram campanhas e a eleição ocorreu. Na cidade de São Paulo, estas organizações conquistaram espaços significativos. Porém, as organizações neopentecostais disputaram com força e tiveram êxitos em alguns bairros.

Nas redes sociais, houve dois tipos de avaliação. Uma que enfatizava os dados de que as organizações neopentecostais venceram na maioria dos conselhos dos bairros mais distantes (que são mais populosos e também onde há um numero maior de problemas quanto ao descumprimento do ECA) e que, portanto, saíram vencedoras deste embate. Outra avaliação que destacava a comparação entre a eleição anterior e esta que mostrou que houve um aumento da eleição de conselheiros de organizações não vinculadas a este segmento religioso e que, portanto, significava uma vitória das entidades de direitos humanos. São duas versões, ambas referenciadas em dados objetivos, mas que apontam perspectivas distintas. Evidente que dependendo da fonte consultada, haverá uma ou outra avaliação.

Como proceder diante disto? Ampliar o espectro de fontes. Veja que não se trata apenas de ouvir os dois lados, mas compreender as perspectivas distintas de cada uma das fontes. Por isto, é fundamental entender o "lugar de fala" de cada uma das fontes entrevistadas para uma matéria não que isto a desabone ou desmereça a sua versão, mas que possibilite uma plena compreensão do sentido da sua versão.

Segunda dificuldade: o público do material jornalístico quer ter indicadores de certeza

Esta é uma afirmação pertinente de Luis Pereira Junior. Ao se deparar com estas diversas perspectivas possíveis de narrativas sobre a realidade – quanto maior o número de fontes e dados obtidos, esta incerteza aumenta.

O físico Marcelo Gleiser costuma dizer que o conhecimento é como se fosse uma ilha dentro de um oceano infinito do desconhecido. Quanto mais ampliamos o nosso conhecimento, esta ilha cresce e, consequentemente, a fronteira entre o conhecido e o desconhecido também. A incerteza é justamente esta fronteira entre esta "ilha do conhecimento" e o "oceano infinito do desconhecimento". Por isto, a incerteza, embora nos assuste, é justamente o produto de quanto mais nos aprofundamos na apuração de determinado fenômeno. Mais e mais perguntas surgem quanto mais nos aprofundamos na apuração.

E aí vem a angústia típica de todo jornalista: o público espera respostas, a narrativa jornalística é assertiva. Ninguém quer saber de incertezas, quer um chão sólido onde se possa afirmar.

O *dogma* é o principal inimigo do jornalismo. Por isto que a narrativa jornalística digna de nome corre na contramão das narrativas das redes, em geral baseadas em crenças e opiniões. Isto não significa que um jornalista não tenha posições politicas, ideológicas, religiosas. Mas tem que ter ciência de que o seu papel é transcender tudo isto e ter consciência de que a realidade é mais complexa e comporta perspectivas distintas da sua. E isto vale tanto para o jornalismo *informativo* como também para o *opinativo* (falarei disto mais adiante).

Bem, mas como resolver esta contradição entre as incertezas dos fenômenos e a necessidade do colchão sólido que o público espera da narrativa jornalística? Pela pluralidade da cobertura, expondo os vários tipos de visões possíveis. Nem sempre é possível captar todas elas, mas mostrar que existem.

Vou dar um exemplo: Em 2010, Bruno, então goleiro do Flamengo, foi julgado e condenado por ter assassinado sua ex-namorada, Elisa Samudio e ainda ocultado o seu cadáver (que nunca foi encontrado). Motivo: a ex-namorada teve um filho do jogador e exigia pensão alimentícia. Um caso típico de feminicídio, agravado ainda pela forma que foi realizado: não só ela foi assassinada cruelmente como tudo indica que o seu corpo foi destruído para não deixar vestígios.

O ex-goleiro foi condenado, preso e, de acordo com a legislação penal, ganhou o direito de ir para o semiaberto, em que pode sair para trabalhar e pernoitar em uma unidade prisional em fins de 2019. Com isto, procurou clubes para atuar como jogador e houve grande revolta, em particular de lideranças feministas, diante desta situação. Em cada clube que Bruno tentava se inserir, havia protestos. Os argumentos eram que ele poderia se tornar um ídolo no clube e, com isto, o feminicídio (e a violência de gênero) deixar de ser algo condenável na opinião pública.

Porém, há um outro componente neste caso: o direito a progressão da pena e do trabalho é uma forma de ressocializar detentos e ex-detentos. Há vários movimentos que defendem uma redução ou até a abolição das penas de restrição da liberdade (o chamado "abolicionismo penal"), acreditando que quanto mais mecanismos de reinserção dos condenados, há uma redução na criminalidade.

Notem que este caso é muito interessante porque ambas as perspectivas – a da condenação do feminicídio e da violência de gênero e o abolicionismo penal – são teses do campo da "esquerda". E que neste caso específico do goleiro Bruno, apresentam posições distintas. O que um bom jornalista deve fazer neste caso? Apresentar estas – e outras se houver – perspectivas a partir das falas de pessoas que a defendem. Principalmente os argumentos de cada uma delas. E respeitar estes argumentos com seriedade, pois ambos têm seus fundamentos.

O público tende a ficar no campo "favor ou contra", o pensamento simples é mais sedutor, mas o jornalista deve insistir em qualificar a discussão. Sair do senso comum e do pensamento simples. E isto pode ser feito apresentando de maneira didática as várias visões e perspectivas.

O colchão firme que o público exige não é apenas uma narrativa que reforce o senso comum, mas que também o problematize, que o instigue e convide a refletir sobre os fenômenos. Ainda que em um primeiro momento o público possa não compreender a fundo uma mensagem veiculada, não esquecer que o jornalismo é um processo contínuo, a formação da opinião não se realiza apenas com um texto mas sim com uma sequência lógica de abordagem.

O jornalista atende a este colchão firme que o público exige fundamentando tudo que publica em informações observáveis concretamente. Neste caso do goleiro Bruno, por exemplo, tanto a preocupação das feministas é plenamente fundamentada por dados que mostram a violência de gênero no Brasil como também o abolicionismo penal tem suas razões com os dados que mostram que aumento do encarceramento não reduz a criminalidade. Na hora de entrevistar pessoas de um lado e de outro, é fundamental fazê-los refletir sobre estes fundamentos, particularmente das posições contrárias. Se a fonte for qualificada, irá render boas declarações.

Terceira dificuldade: como construir uma agenda diversificada de fontes

O compromisso do jornalista é com o público do seu veículo e não com as fontes. Ao entrevistar uma fonte, o jornalista tem que ter consciência de que ele, naquele ato, está representando o público que quer saber daquele assunto. Por isto, um dos grandes desafios na captação é a escolha das fontes. Dependendo da fonte escolhida, a matéria poderá ser um fracasso.

Quando falo que o compromisso do jornalista é com o público, significa que ele pode, eventualmente, desagradar uma fonte por conta de uma matéria. E esta fonte pode, diante disto, recusar-se a receber novamente o jornalista. O que fazer diante disto? Procurar outra fonte.

Assim, a autonomia do jornalista tem como pressuposto uma agenda de fontes ampla. Desde que você começa os estudos de jornalismo, a produzir os jornais laboratório e outros trabalhos na faculdade, já vá fazendo a sua agenda. E importante lembrar que esta agenda é do jornalista e não do veículo que ele trabalha. Você pode compartilhar com os seus colegas, claro. Mas a agenda é sua e quanto mais ampla esta agenda é, maior o leque de possibilidades de abordagens você terá, além do que deixa de ficar refém de determinadas fontes o que pode enviesar a sua cobertura. E aqui entra a dificuldade seguinte que é como relacionar com as fontes.

Quarta dificuldade: como relacionar com as fontes

No decorrer do seu trabalho, o jornalista vai construindo relações profissionais, pessoais, de proximidade, de amizade com as fontes. Particularmente quando o jornalista trabalha há um certo tempo em uma editoria especializada ou em um veículo segmentado, ele passa a frequentar um determinado circuito de atividades e pessoas. Por exemplo, se você é um jornalista da área de cultura, receberá convites para participar de vernissages, pré-lançamentos de filmes, lançamentos de livros. Importante frequentar estes espaços e ao fazer isto você vai encontrar, com certa frequência, as pessoas que fazem parte do "mundo dos fazedores de cultura" que podem fazer parte do seu universo de relações pessoais.

Aqui entra outro cuidado importante para o jornalista que é não se deixar seduzir pelos comportamentos e idiossincrasias deste universo. Evidente que amizades e inimizades fazem parte do cotidiano de qualquer ser humano, mas é fundamental nunca perder a consciência de que o trabalho profissional do jornalista é atender o interesse público que transcende – e muito! – o de uma fonte, e também destes universos fechados.

Outro problema importante que o jornalista não pode deixar de levar em conta: atualmente, a maior parte das fontes, em especial oficiais e oficiosas, estão preparadas para lidar com o jornalista. Contam com estruturas profissionais de assessores de comunicação e de imprensa. Os eventos realizados nos quais os jornalistas são convidados são organizados justamente para obterem determinado impacto nos meios de comunicação. Também os convites especiais, presentes e outros são formas de seduzir o jornalista.

Não é raro o jornalista servir como inocente útil ao reproduzir, inconscientemente, uma perspectiva que já era esperada por estas fontes e suas assessorias.

E não adianta ficar culpando o assessor de imprensa! Ele está fazendo o seu papel. E o assessor de imprensa pode facilitar o trabalho do jornalista, a medida que apresenta os dados básicos, a visão que a fonte tem sobre determinado assunto, organiza as coletivas e agenda de entrevistas, entre outros. Por ser um profissional do jornalismo, o assessor de imprensa compreende as necessidades do jornalista. Mas compete a este produzir o seu trabalho de forma independente a partir destas informações básicas oferecidas pelo assessor de imprensa. A responsabilidade de uma matéria de qualidade é toda do jornalista.

Assim, a relação com as fontes é de respeito, mas também de independência. Por isto que em vários veículos, críticos gastronômicos, por exemplo, quando vão a um restaurante fazer uma avaliação não se identificam como jornalistas, pois o objetivo é avaliar o atendimento e a qualidade daquele lugar para qualquer pessoa que tenha a intenção de frequentá-lo – é este o objetivo do jornalismo.

De qualquer forma, o tema da relação dos jornalistas com as fontes é um assunto extenso que rende muitas discussões. Não raro encontram-se casos de relações pouco profissionais entre jornalistas e fontes, principalmente quando estas estabelecem "acordos informais" com um repórter para dar em primeira mão uma informação. Esta conta certamente será cobrada em determinado momento.

Quinta dificuldade: como buscar as informações?

As declarações das fontes são a principal mas não única forma de se buscar informação. O jornalista precisa buscar também informações em arquivos, banco de dados, internet. Embora se diga comumente que o jornalista é um "especialista em generalidades", o conhecimento sobre o assunto que vai se cobrir é fundamental até para se definir quais fontes deverão ser entrevistadas. Aí entramos na dificuldade seguinte que é como escolher as fontes.

Sexta dificuldade: como escolher as fontes?

O critério de escolha das fontes é a qualidade delas para fornecer as informações necessárias para determinada cobertura. E qualidade não tem a ver com a posição social, fama, grau de instrução ou especialização desta fonte. Isto é muito importante porque é comum no jornalismo observar um certo preconceito contra fontes que não fazem parte dos circuitos do poder. O jornalismo hegemônico constrói aquilo que o educador Paulo Freire chamava de educação bancária: os que "sabem" falam e despejam sua "sabedoria" para os que "não sabem" e, portanto, só podem ouvir (ou ler ou ver).[28]

---

[28] FREIRE, P. *Pedagogia do oprimido*. Rio de Janeiro: Paz e Terra, 2014. A respeito de uma interpretação do jornalismo com base nas ideias de Paulo Freire ver o meu livro OLIVEIRA, D. *Jornalismo e emancipação:*

Dennis de Oliveira. *Iniciação aos Estudos de Jornalismo*. São Paulo: Abya Yala, 2020.

Todo final de ano, um tema comum no jornalismo político e econômico é o reajuste do salário mínimo. Os jornais entrevistam o presidente da República (que geralmente manda uma Medida Provisória com o novo valor para o Congresso) e, quando muito, os parlamentares, para ouvir a opinião dos mesmos. E para satisfazer a regra dos "dois lados" ouvem os parlamentares de oposição ao governo. E sempre citam os impactos do aumento do salário mínimo nas contas públicas (isto porque o salário mínimo é a base dos benefícios pagos pela Previdência Social). Os coitados dos trabalhadores e aposentados que vivem com um salário mínimo acabam sendo os vilões do aumento do déficit nas contas públicas.

O que se observa neste tipo de cobertura? Todas as fontes entrevistadas – presidente da República, parlamentares, economistas – não tem suas vidas impactadas diretamente com o valor do salário mínimo simplesmente porque... não ganham um salário mínimo. Quantas matérias jornalísticas

---

uma prática jornalística baseada em Paulo Freire. Curitiba: Appris, 2017

sobre este assunto tem a voz dos que vivem com salário mínimo? Quantas vezes um aposentado, uma empregada doméstica ou um outro trabalhador que vive com o salário mínimo foi chamado a opinar sobre este assunto?

Outro exemplo. Uma das maiores paixões do povo brasileiro é o futebol. Por isto, a cobertura deste esporte tem destaque significativo nos veículos jornalísticos. Mas este apaixonado – o torcedor ou torcedora – quantas vezes aparece nas matérias desta editoria? Certa vez, fui assistir a um jogo do meu time no estádio, era um dia em janeiro, calor insuportável e faltou água no local. O banheiro ficou insuportável, não havia água nos bebedouros e vários torcedores se refrescavam com picolés comprados dos ambulantes na arquibancada, eles eram passados nos rostos suados. No dia seguinte, na cobertura do jogo, nenhuma linha sobre este problema. A cobertura foi aquela comum de jogos, uma interpretação da partida, opinião dos jogadores e técnico, análise dos comentaristas e ponto. E o coitado do torcedor que pagou ingresso e teve aquele serviço de péssima qualidade, ficou ausente. Aliás, torcedor em cobertura de futebol, só aparece em caso de violência ou tragédia nos estádios.

E este é um grande problema na cobertura sobre futebol, pois o torcedor não é interpelado como um cidadão que tem direito ao lazer, que compra um ingresso e tem direito a usufruir de um serviço de qualidade. Como a esmagadora maioria dos repórteres de futebol vão direto para o campo e vivem dentro das estruturas internas dos clubes, se apartam desta realidade dura dos torcedores. Assim há poucos questionamentos quanto ao horário dos jogos (que atende exclusivamente aos interesses da televisão), a qualidade dos serviços prestados nos estádios, ao acesso aos locais das partidas, ao preço dos ingressos, entre outros. O torcedor apaixonado é apenas um depositário das informações bancárias.

Por isto, pensando no público, o jornalista deve ser criativo e amplo para definir os critérios de escolha das fontes. A diversidade não se resume a pensar em determinado assunto e as eventuais posições antagônicas, mas principalmente nas perspectivas diferentes devido ao lugar de fala de cada uma destas fontes.

Voltando ao caso do salário mínimo: não se trata de cobrir este tema a partir das posições partidárias de governo e oposição mas de quem toma a decisão (os poderes instituídos, aí entra tanto situação como oposição e os argumentos de cada um) como quem sofre com as consequências desta decisão (os que vivem com um salário mínimo).

O jogo de futebol não é só o confronto entre duas equipes mas também um evento que pessoas usufruem como lazer. Assim há um lado dos que fazem este evento (as duas equipes) e os de que vão assistir este evento como lazer (que sofrem com a qualidade dos serviços, do próprio jogo).

Por isto, o que proponho aqui é uma ampliação da pauta para sair da mesmice, para que todos os cidadãos e cidadãs se integrem neste debate público dos assuntos que os envolvem. O critério de escolha de fontes, portanto, deve levar em conta esta amplitude pois isto garantirá um enriquecimento da matéria.

Dennis de Oliveira. *Iniciação aos Estudos de Jornalismo*. São Paulo: Abya Yala, 2020.

Assim, grosso modo, uma proposta ampla de arquitetura de fontes contempla:

a-) Equilibrar fontes oficiais e oficiosas com fontes não oficiais - pessoas do universo da política com cidadãos comuns potencialmente afetados com estas decisões.

b-) Equilibrar fontes técnicas de matizes distintos – tecnicidade não significa *neutralidade*, e isto é fundamental, há economistas de vertentes ideológicas diferentes, assim como cientistas políticos, juristas. É preciso sempre levar isto em conta para equilibrar estas perspectivas.

c-) Levar sempre em conta que você informa um público e é a ele que deve prestar contas e não ao universo de fontes.

Mas aí tenho espaço para apenas uma fonte ou então a pauta é para entrevistar uma fonte já pré-determinada, uma personalidade por exemplo, o que fazer?

Isto é comum no jornalismo, você tem pautado uma entrevista com uma personalidade da política, do esporte, da cultura, vai ter uma página o que fazer?

Existem os programas de televisão (e também de rádio) chamados de *talk shows*, são programas em que o entrevistador é a celebridade. O público assiste a estes programas pela fama do entrevistador que convida as pessoas para o seu programa. Tem um certo mix de jornalismo com entretenimento. Tem um caráter autoral. Desenvolve-se, normalmente, como se fosse um bate papo informal.

É possível ter um tratamento jornalístico em programas como este embora muitos não tenham esta preocupação. Isto vai muito do entrevistador buscar extrair do entrevistado ideias, argumentos, falas que sustentam as suas posições. Para isto, o entrevistador pode se comportar como se fosse um intérprete de falas contrárias, de perspectivas diferentes para ver como o entrevistado irá reagir.

Situação parecida o jornalista deve ter quando irá fazer uma entrevista com uma fonte única. Importante ter em mente qual é o *objetivo* desta entrevista: é para o entrevistado se defender de determinada denúncia, para esclarecer um ponto de vista, ou outro. Com base nisto, o jornalista deve se colocar como um intérprete das potenciais dúvidas ou questionamentos de relevância pública que o seu público tem em relação a esta pessoa. Isto é possível, inclusive, consultando mensagens enviadas pelo público do veículo, tendo capacidade de leitura sobre o que se fala daquela pessoa ou do tema que ela irá tratar, entre outros. É possível fazer uma entrevista com uma fonte só ser ampla dependendo de como o jornalista se comportar.

Capítulo 5 – Entrevista

A entrevista é o principal procedimento de captação de informações do jornalismo. Entretanto, entrevista não é um procedimento exclusivamente jornalístico. A entrevista é utilizada em processos seletivos – seja para uma vaga de trabalho, para universidades em cursos de pós graduação, para bolsas, entre outros – em pesquisas de campo nas mais diversas áreas (ciências sociais, saúde, psicologia social), em tratamentos psicoterapêuticos, etc. O que varia em cada um destes usos é o objetivo.

Em jornalismo, a entrevista tem o objetivo de captar informações de relevância pública. Por isto, ela tem uma perspectiva formal, o jornalista se identifica como tal à fonte que será entrevistada, explica os motivos da sua entrevista, a pauta, etc e a pessoa tem o direito de aceitar ou recusar conceder a entrevista. Isto é fundamental o jornalista ter consciência.

E por que a recusa ocorre?

Primeiro, porque a partir do momento que a pessoa concede uma entrevista a um jornalista, ela perde qualquer controle sobre o que será feito com as suas declarações. Se a entrevista não for para um programa transmitido ao vivo em televisão, rádio ou *streaming* na internet, as falas do entrevistado irão passar por edição, cortes, montagens, procedimentos realizados pela equipe jornalística da qual a fonte não tem qualquer controle.

Por isto que no início, os jovens jornalistas receberão muitos "nãos" a pedidos de entrevista, principalmente quando trabalham em veículos pouco conhecidos. Porque a pessoa precisa *confiar* no jornalista e no veículo para conceder uma entrevista. Caso contrário, irá oferecer resistências.

E isto é perfeitamente normal. A gente conversa com pessoas que a gente confia, que faz parte dos nossos círculos de amizade ou familiares. Quem a gente não conhece, tendemos a ser cuidadosos com as nossas falas.

Segundo porque as falas do entrevistado não são só para o jornalista mas serão divulgadas para o público daquele veículo. Mesmo em uma entrevista transmitida ao vivo, em que não haverá cortes, o entrevistado está falando para um universo de pessoas que ele não conhece e que, portanto, poderá interpretar e fazer juízos de valor sobre o que ele disse de maneiras diversas. Esta é a dificuldade adicional. As falas do entrevistado serão *públicas*.

Daí que a transparência dos objetivos daquela entrevista, a postura ética do jornalista que lhe garanta confiança e o respeito aos limites da fonte são fundamentais.

Estes problemas aumentam ainda mais quando se entrevistam pessoas que não são celebridades e que, portanto, não estão acostumadas a dar entrevistas – e isto foi um ponto importante quando tratei da ampliação das fontes na captação no capítulo anterior. Assim, paciência sempre!

Apesar da sua formalidade enquanto procedimento, o jornalista deve se esforçar para garantir um clima informal em que o entrevistado se sinta a vontade. Quanto mais ele conseguir isto, melhor tenderá a ser a entrevista.

Cremilda Medina dedicou-se ao estudo das entrevistas no jornalismo. No seu clássico livro *"Entrevista: o diálogo possível"*, a professora de jornalismo defende a ideia de que a entrevista deve ser a mais próxima possível do diálogo, de uma relação de horizontalidade entre jornalista e entrevistado. Por isto, o jornalista não deve se portar nem como um fã da fonte (o que significa que ele será conduzido pela fonte) nem tampouco querer ser um inquisidor para determinar o rumo da conversa da forma que ele quer.[29]

Para Cremilda Medina,

> A entrevista, nas suas diferentes aplicações, é uma técnica de interação social, de interpretação informativa, quebrando assim isolamentos grupais, individuais, sociais; pode também servir à pluralização de vozes e à distribuição democrática da informação. Em todos estes ou outros usos das Ciências Humanas, constitui sempre um meio cujo fim é o inter-relacionamento humano[30]

---

[29] MEDINA, C. *Entrevista: o diálogo possível.* S. Paulo: Ática, 2002
[30] Idem, p. 8

Assim, Medina define a entrevista como um processo de interação humana mais que uma técnica. Para ela, se for encarada meramente como uma técnica de captação, os resultados tendem a ser piores pois a formalidade instrumental criará barreiras intransponíveis para o fluxo livre de informação.

Porém, esta informação que se busca na sua potencialidade não pode ser também algo de interesse particular do jornalista. Nas nossas interações humanas pessoais, as informações se filtram também pelos nossos interesses particulares. E o papel do jornalista é de natureza pública. Isto é fundamental nunca perder de vista.

Em dezembro de 2019 fui convidado para entrevistar, junto com outros dois jornalistas, uma personalidade do mundo político que admiro muito. E a minha preocupação foi justamente não me deixar levar somente por esta admiração. Como? Entendendo que naquele momento da entrevista estava como um "representante" do público que potencialmente iria ver aquele programa. Procurei ler textos e artigos de pessoas que criticavam aquela pessoa e elaborar questões com base nos argumentos, questionamentos, problematizações constantes nestes textos. Assim como conversei com algumas pessoas que tinham dúvidas quanto aquela personagem. Daí que consegui elaborar perguntas que não fossem apenas "bolas levantadas para ele cortar na rede".

Este procedimento é fundamental principalmente quando a matéria tem apenas uma fonte entrevistada.

Stela Caputo, autora do livro "Sobre Entrevistas" lista quinze coisas que não devemos esquecer quando entrevistamos.[31] São as seguintes:

1 – Perguntar primeiro se pode gravar ou filmar a entrevista e fotografar o entrevistado – nada mais agressivo que você ir jogando uma câmera ou um gravador na boca do entrevistado (a não ser que seja uma coletiva ou um evento no qual a entrevista já está agendada). Esta atitude agressiva pode criar um atrito com o entrevistado que o fará recusar dar a entrevista.

2 – Esteja informado sobre o entrevistado – não vá chegar à entrevista sem sequer saber o nome do entrevistado, o que ele ou ela faz, o porquê dele ser

---

[31] CAPUTO, S. *Sobre entrevistas*. Petrópolis: Vozes, 2010

Dennis de Oliveira. *Iniciação aos Estudos de Jornalismo*. São Paulo: Abya Yala, 2020.

uma fonte importante para aquela pauta, entre outros. A internet possibilita uma pesquisa sobre isto, se a fonte for um professor universitário é possível consultar o seu currículo na base lattes. Nos grandes veículos, em geral o editor passa um pequeno "briefing" sobre as fontes a serem entrevistadas, caso você tenha um blog jornalístico pessoal ou está fazendo um "frila", aí vai ter que buscar as informações sobre ele antes.

3 – Faça um roteiro – elenque os principais tópicos que você quer interpelar o entrevistado e elabore as perguntas de forma mais informal, adequando-as no decorrer da entrevista. Este método é mais interessante que uma pauta de perguntas já programada. Pense como se você estivesse indo conversar com uma pessoa sobre um assunto que desconhece ou que quer saber a opinião dela.

4 – Teste os equipamentos – caso você vá gravar imagem ou áudio a entrevista, não esqueça de testar os equipamentos.

Há tempos atrás, uma equipe de alunos meus de uma universidade particular foi fazer uma reportagem sobre um programa popular. Foram até o estúdio onde ocorriam as gravações e lá encontraram uma fila de pessoas que queriam denunciar o programa pois o apresentador não tinha cumprido promessas feitas. Os alunos filmaram as entrevistas com as pessoas e quando chegaram no estúdio para editar a imagem veio a tragédia: o microfone estava com defeito e não captou nenhuma das falas! Perderam todo aquele material que seria bombástico. E aí não tem como retornar, pois o momento foi único. Aí é só chorar!

Para evitar isto, teste os equipamentos e se puder, leve mais de um.

5 – Na dúvida, senhor ou senhora – Se a pessoa dispensar o tratamento formal, ok, mas caso não perceba isto, trate as fontes sempre formalmente, senhor ou senhora.

6 – Ouça de verdade – Esta talvez seja a principal recomendação para uma boa entrevista. Ninguém gosta de falar para uma pessoa que não está ouvindo de verdade, não está prestando atenção na sua fala. Além disto, o método do roteiro para orientar o desenrolar das perguntas exige que o jornalista esteja atento a fala do entrevistado. Não adianta achar que só porque está gravando, eu posso ficar pensando

Dennis de Oliveira. *Iniciação aos Estudos de Jornalismo*. São Paulo: Abya Yala, 2020.

em outras coisas, a pessoa percebe quando o seu interlocutor está desatento e, com isto, tende a travar. Além disto, é uma tremenda indelicadeza com a pessoa que está dando o seu tempo pessoal para atender uma demanda do jornalista. Por isto, ouça de verdade, esteja a fim de conversar.

7 – Não dispute com o entrevistado – Este é um vício que ficou comum por conta dos talk shows, aqueles programas de entrevistas em que o entrevistador é a principal celebridade. Você pode ser uma celebridade jornalística, mas o papel do jornalista é buscar informação com a fonte, assim em uma entrevista o foco é a fonte. Por isto, não queira aparecer mais que o entrevistado e nem tomar a sua fala. O bom jornalista é aquele que sabe interpelar, "cutucar" e fazer a fonte trazer o máximo de informação. Intervenções indevidas do jornalista podem ter o efeito contrário, a fonte parar de falar.

8 – Não roube a ideia de ninguém – Não queira parecer um tremendo intelectual e elaborar perguntas com ideias de outra pessoa, sem citar a fonte. Por exemplo, usar uma frase do Lacan sem citar que é do Lacan e assim por diante.

9 – Reconheça o limite – Sempre o objetivo do jornalista é extrair o máximo de informações possível daquela fonte, porém existe um limite. O filósofo Wittgenstein[32] é autor de uma frase interessante que diz o seguinte: Tudo o que pode ser pensado, pode ser pensado claramente; tudo o que pode ser dito, pode ser dito claramente, mas nem tudo que é pensado pode ser dito. É um jogo de buscas, o jornalista vai tentando ganhar a confiança da fonte para que esta forneça o máximo de informações, mas sempre tem um limite e aí é preciso ter feeling para saber que se chegou nele.

Tempos atrás fiz uma entrevista com uma pessoa moradora da comunidade do Jardim São Remo, próxima do campus da USP-Butantã. Era para um jornal especial que fizemos com os alunos por conta de uma moradora ter sido assassinada por um policial em uma brincadeira de carnaval. Este morador, uma liderança do bairro, falou que a comunidade era pacifica, não tinha índices altos de criminalidade e violência e começou a falar de alguns problemas

---

[32] Ludwig Wittgenstein (1889-1951) filósofo austríaco naturalizado britânico, autor de várias obras sendo a mais famosa a Tractatus logico-philosophicus, publicada pela Edusp (2001)

relativos a tráfico de drogas. Insisti para que me desse mais detalhes, mas ele indicou por diversos sinais – silêncios, tergiversações, sorrisos – que tinha chegado ao limite. O meu feeling aliado ao conhecimento de que denunciar uma coisa como aquela para um morador da comunidade era um risco, me fez ver que tinha chegado ao limite. O que fiz? Redirecionei a entrevista para outro tema.

10 – Desconfie da memória – Anote todos os dados importantes, nome da pessoa correta, local, data e outros. Não confie na sua memória ainda que ela seja excelente.

11 – Não invente nada e nem ninguém – Não adianta querer inventar alguma coisa ou pessoa caso você tenha esquecido de perguntar na entrevista ou tenha esquecido algum detalhe só para não perder a matéria ou não levar bronca do editor.

12 – Tenha paixão... de conversar com outra pessoa! Vá com vontade de apurar, de falar com outro, de interagir. Não adianta ir apenas para cumprir burocraticamente um trabalho.

13 – Pergunte por último você não gostaria de acrescentar uma coisa? – O jornalista Juca Kfouri sempre faz esta pergunta ao final do seu programa de entrevistas na TVT. E é uma boa recomendação pois pode ser que a fonte tenha mais alguma coisa a dizer que não foi perguntado anteriormente.

14 – Solte o fio – Stella Caputo fala muito do fio de Ariadne, é possível que em determinados momento a entrevista vai enredando por temas antes não pautados, que a fonte comece a adentrar por outros caminhos. Isto pode ser interessante para ampliar as perspectivas da pauta e, inclusive, redirecioná-la. É um momento importante que exige do jornalista maturidade de saber como navegar, deixar a coisa correr, reposicionar o tema, etc.

15 – Escolha os temas e edite – Com o material em mãos, é hora de editá-lo.

Gravar ou anotar a entrevista? Este é outro dilema do jornalismo. As duas formas têm vantagens e desvantagens. A gravação tem como vantagem deixar o jornalista livre para olhar o entrevistado, conversar de forma mais informal, sem estar baixando a cabeça para anotar. A desvantagem é que o gravador "inibe" a pessoa, principalmente se for alguém não acostumado a dar entrevistas. Este problema é insolúvel para matérias em áudio e vídeo, pois não tem alternativa.

A anotação tira este problema do gravador ou da câmera mas tem a desvantagem de que a velocidade da fala é maior que a da escrita e também que o jornalista fica frequentemente olhando para o papel e não para a pessoa. Gay Talese, um grande jornalista que foi editor do *The New York Times*, diz que prefere anotar as respostas e ainda submeter o que ele anotou ao entrevistado. Segundo ele, o entrevistado deve ter o direito de revisar o que ele disse. Mas isto é um procedimento do Gay Talese para reportagens que tem mais tempo de captação o que nem sempre é o que ocorre no dia a dia do jornalista.

Outro dilema: entrevista presencial, por telefone, skype ou por email?

A entrevista presencial é a que tende a render melhor resultado porque o jornalista está frente a frente com sua fonte, pode desenvolver uma conversa mais informal, pode perceber estes sinais não verbais que também indicam informações (sorrisos, nervosismos, silêncios, entre outros).

Por isto que defendo que o lugar do jornalista é na rua, atrás das fontes, das informações.

Pode ser que em determinadas situações a entrevista presencial não seja possível, a fonte pode estar distante ou não tem tempo para receber o jornalista ou outro motivo. Aí há a opção de se fazer por telefone – podendo gravar a entrevista, mas sempre informando a fonte de que isto será feito. Em programas de rádio, é comum usar o telefone. O problema desta técnica é que sempre há o risco da ligação cair ou ficar ruim. Se for usar celular, prefira sempre a ligação direta da linha e não use ligação via whatsapp ou outra plataforma que costuma ser muito ruim. Estes ruídos e interrupções prejudicam o desenrolar da entrevista.

Outra possibilidade é o uso do Skype ou outros sistemas de videoconferência (também com os riscos de sempre de cair ou ficar pouco nítido) e, finalmente, o por email.

Este último recurso eu recomendo ser o menos utilizado. Por algumas razões:

A primeira é que o uso do email exige uma pauta de pergunta já definidas, impedindo a ideia do roteiro que vai se adaptando no desenrolar da conversa. Fica algo mais formal.

A segunda é que você nunca vai ter certeza de que foi a fonte entrevistada que respondeu. Por exemplo, se você mandar para um parlamentar por email ele pode muito bem pedir para que o assessor dele responda as perguntas.

E isto então significa que a entrevista será excessivamente formal, estruturada, longe da ideia de uma conversa ou uma interação.

A terceira coisa é que você ficará dependendo do tempo da pessoa responder. Pode ser que ela receba o email e demore para responder ou ainda que não responda totalmente, enfim, o controle fica totalmente na mão da fonte.

Assim, alguns cuidados são necessários para este tipo de entrevista. Primeiro, combinar previamente (preferencialmente por telefone) com a fonte, inclusive dando os prazos. Segundo, deixar aberta a possibilidade de novo contato caso seja necessário. Terceiro, ver se este tipo de entrevista por email não prejudica a pauta – por exemplo, em entrevistas mais técnicas, feitas com acadêmicos, este tipo de entrevista é mais utilizado.

O professor Nilson Lage apresenta um método interessante de uso do email para se construir um tipo de "debate" que ele chama de "Delfos". Trata-se de um procedimento de captação mais demorado e objetiva discutir um tema de relevância com especialistas. O jornalista combina previamente com um grupo de especialistas a discussão de um tema – por exemplo, o desemprego – e, após a concordância das fontes envia uma pauta de perguntas a todos sobre o tema para ser respondida. As fontes respondem, o jornalista faz uma síntese e, a partir delas, elabora uma outra pauta para aprofundar alguns temas colocados, inclusive as divergências entre os especialistas entrevistados e retorna às fontes. E assim vai fazendo sucessivamente até ter um conjunto de reflexões aprofundado. Isto é a base para uma reportagem interpretativa sobre o tema com fontes qualificadas.[33]

Existem ainda aquelas entrevistas de "varejão" que não são pré-programadas mas realizadas no calor dos acontecimentos. Um acidente, por exemplo. O jornalista vai buscar testemunhos das pessoas que viram o evento para reconstruir, com base nestas versões, o fato – já que o jornalista sempre chega depois do fato ocorrido. O cuidado aqui é não ficar preso a fontes oficiais. Elas tendem a ser mais "sedutoras" porque se prestam a dar entrevista, tem um discurso mais articulado, etc – porém, é preciso cuidado para não fornecer ao público somente uma visão oficial ou oficiosa do evento.

E há aquelas entrevistas ritualísticas, como as que ocorrem em jogos de futebol, no intervalo de uma partida. O desafio aqui é sair do lugar comum deste tipo de entrevista. Perguntar algum detalhe, algo que saia daquele chavão "o que fazer para reverter o resultado" e aí por diante. Ou mesmo inovar de vez e buscar outra

---

[33] Detalhes do método Delfos proposto por Lage é possível encontrar na obra LAGE, N. *Teoria e técnica de reportagem, pesquisa e entrevista jornalística.* Rio de Janeiro: Record, 2001

fonte, por exemplo, um torcedor no estádio. Em tempos de inflação de informações, criatividade deve ser uma busca constante do jornalista.

Dennis de Oliveira. *Iniciação aos Estudos de Jornalismo*. São Paulo: Abya Yala, 2020.

Capítulo 6 – Redação

Bem, você está com todo o material apurado, entrevistas gravadas, filmadas e agora vai ter que elaborar tudo isto para ser veiculado para o seu público, seja em um jornal impresso, on line, rádio, televisão. E vem um novo dilema para o jornalista – o que você tem é muito, mas muito mais que é possível veicular. Novo processo de seleção e descarte.

O texto jornalístico tem uma estrutura própria. Esqueça aquela estrutura de redação que você aprende no ensino médio – introdução, desenvolvimento, conclusão. No texto jornalístico vale o seguinte: o mais importante vem no começo. Vejamos alguns exemplos:

Dennis de Oliveira. *Iniciação aos Estudos de Jornalismo*. São Paulo: Abya Yala, 2020.

Forum

17 DE FEVEREIRO DE 2020, 15H57

Vídeo: Italiano, líder dos caminhoneiros do Porto, é libertado de prisão

Após ser solto, ele foi recebido por companheiros da categoria e por petroleiros, reafirmando a parceria dos grevistas

Por Redação

O presidente do Sindicato dos Transportadores Rodoviários Autônomos de Bens da Baixada Santista e Vale do Ribeira (Sindicam), Alexsandro Viviani, o Italiano, foi solto após ser detido durante protesto realizado pelos caminhoneiros no início da tarde desta segunda-feira (17).

Após pressão do Sindicam, que foi até a porta da Polícia Federal exigir a libertação de Italiano, o sindicalista foi libertado. Ele se encontrou com outros caminhoneiros e com petroleiros logo que saiu da prisão.

Portal da Revista Forum, 17/02/2020

Os sambas-enredo do carnaval 2020 que resgatam a ancestralidade

Simone Freire   Realidade   17 Fevereiro 2020   17 Fevereiro 2020

Tweetar   Salvar   Curtir 0   Compartilhar

A música de cada escola puxa e transmite a mensagem de cada agremiação; o Alma Preta separou alguns samba neste ano que merecem atenção por resgatar a ancestralidade negra

Texto / Redação | **Imagem** / Iza Campos / Divulgação | **Edição** / Pedro Borges

Os sambas-enredo das escolas de samba compõem a espinha dorsal de qualquer bom desfile. A música é o que puxa cada comunidade e o que transmite a mensagem da escola durante a passagem pelo Anhembi.

O resgate à ancestralidade ou o destaque a questões sensíveis do cotidiano da comunidade negra estão presentes na letra e no carnaval de escolas de samba como Barroca Zona Sul, Tom Maior, X-9 Paulistana, Mocidade Alegre e Camisa Verde e Branco.

Fonte: Portal Alma Preta, 17/02/2020

Dennis de Oliveira. *Iniciação aos Estudos de Jornalismo*. São Paulo: Abya Yala, 2020.

Os textos continuam, mas se lermos os primeiros parágrafos já temos o essencial da informação. Chamaremos este início dos textos jornalísticos de "abre". No primeiro exemplo, uma notícia factual e de momento (a libertação de um líder sindical), no segundo, uma notícia que trata de um tema mais geral, os sambas-enredo das escolas de samba.

E por que o texto jornalístico tem esta estrutura?

Primeiro, porque é assim que as pessoas conversam umas com as outras. Se um dia cai uma chuva torrencial na cidade e alaga as ruas, uma pessoa comenta com a outra: "A tempestade que caiu ontem causou o maior estrago". Assim, a estrutura do texto jornalístico tem uma identidade com a forma que as pessoas conversam. É uma forma mais familiar de narrativa.

Segundo, que este formato é mais funcional para o público. Ninguém lê um jornal, uma revista, um portal de notícias todo ou ouve com atenção todo o noticiário de televisão e rádio. Nós selecionamos aquilo que é mais interessante para a gente. Assim, o começo de cada matéria permite que o público saiba do que se trata e possa decidir se vai ler, ver ou ouvir com atenção todo o conteúdo ou não.

Na internet, por exemplo, esta estrutura permite que se construa o texto a partir de blocos em hyperlinks. Pode-se colocar o texto do abre na "capa" do portal e inserir um link para continuar o texto.

Exemplo:

Capa do portal Intercept em 17/02/2020 as 17h45

Neste exemplo, as matérias têm uma "manchete" com uma imagem a sua esquerda e um pequeno texto (um tipo de "abre") no lado direito. Para continuar lendo, basta clicar no texto que abre a página com a íntegra da matéria. Isto permite ao leitor do portal "escolher" as matérias que deseja ler a partir do assunto. Como se fosse um "cardápio".

Terceiro, este formato é mais funcional também para o jornalista. Na hora de produzir o seu texto, você vai organizá-lo em "blocos informativos" começando pelo mais importante. O título ou a manchete será construída a partir do "abre" da noticia. A "escalada" de um telejornal (aquele conjunto de "manchetes" ditas pelo apresentador no início do telejornal ou ao final de cada bloco chamando para o bloco seguinte) também é feita pelos abres das matérias. Importante informar que em grandes redações jornalísticas, quem faz os títulos e manchetes são os editores. Já imaginou o editor ter que ler inteirinha toda a matéria para fazer o título? Quase nunca isto é possível, daí o abre é importante também para a funcionalidade da redação.

Quarto, ainda na funcionalidade da redação jornalística. Como os acontecimentos são imprevisíveis, muitas vezes uma matéria produzida para ocupar determinado espaço precisa ser reduzida para dar espaço para outra – isto é o que se chama em edição jornalística de "corte". Qual é a regra adotada para o "corte"? Partindo do pressuposto que o mais importante é o que está no primeiro parágrafo e o menos importante no último, a regra é cortar a partir do final.

Um exemplo para demonstrar isto:

Onze alunos, de 18 a 65 anos de idade, acabam de conquistar seu primeiro certificado de um curso de panificação. A oficina, ministrada no Circo Escola pela voluntária Maria de Fátima Soares, acontece todas as sextas-feiras.

Em apenas quatro aulas, uma turma de até 15 alunos aprende a fazer cerca de oito receitas básicas que vão desde o simples pão de ervas até os mais apetitosos croissants.

No dia 30 de maio, um dos grupos comemorou sua formatura. Cada formando levou um convidado que teve o prazer de degustar todas as receitas testadas ao longo do curso. A cerimônia durou três horas e, além dos certificados, cada participante ganhou um livro de 45 páginas com todas as receitas aprendidas durante o curso. Ainda prestigiaram números circenses e danças de outros alunos da escola.

Telma Coffani, diretora do Circo Escola, comemora: "Essa turma cativou-me muito, porque tivemos dois participantes muito especiais: uma senhora de 65 e um senhor de 70 anos."

(Notícias do Jardim São Remo, abril de 2007)

Note que há uma hierarquia dos parágrafos, os mais importantes estão no começo, a ponto de podermos ir cortando do quarto, terceiro, segundo parágrafo. Se ficar só no primeiro parágrafo – o "abre" – já dá para ter o essencial da informação.

Esta estrutura de texto do mais importante ao menos importante é chamada de "pirâmide invertida".

Como fazer um texto nesta estrutura?

A regra clássica é a do lide. Este jargão jornalístico vem do verbo inglês "to lead" (liderar). A técnica do lide é condensar no primeiro parágrafo as respostas as seguintes questões (no todo ou em parte): o que, quem, quando, onde, como e por que.

Exemplos:

A Secretaria Municipal de Transportes, em parceria com a CET (Companhia de Engenharia de Tráfego), está oferecendo, gratuitamente, o Curso Especial de Treinamento e Orientação para Condutor de Motofrete. As inscrições começam na quarta feira próxima na sede da secretaria.

O que – Curso Especial de Motofrete

Quem – Secretaria Municipal de Transporte em parceria com a CET

Quando - inscrições começam quarta próxima

Veja que a hierarquia das informações depende de uma avaliação do que é mais relevante. No exemplo dado, o texto tem um caráter mais institucional, pois dá destaque ao órgão que promove o curso. Eu poderia, por exemplo, fazer um "abre" de "alerta", começando pelo quando:

"Começam na quarta feira as inscrições para o curso gratuito de treinamento e orientação para condutor de motofrete". A iniciativa é da Secretaria Municipal de Transportes em parceria com a CET (Companhia de Engenharia de Tráfego)."

Ou então, destacar o curso:

"Curso gratuito de treinamento e orientação para condutor de motofrete tem inscrições abertas nesta quarta feira. A iniciativa é fruto de uma parceira da Secretaria Municipal de Transportes com a CET (Companhia Engenharia de Tráfego)."

Estas escolhas dependem de vários fatores: a natureza do veículo, o seu público, o objetivo da matéria, etc.

A sequência do texto jornalístico é desenvolver blocos informativos (agrupados em parágrafos) nos quais as notações do abre são desenvolvidas. No exemplo dado, os parágrafos seguintes podem tratar do curso em si, quem vai dar aula, e outras iniciativas da Secretaria, por exemplo.

Veja o exemplo a seguir:

Abre — *Onze alunos, de 18 a 65 anos de idade, acabam de conquistar seu primeiro certificado de um curso de panificação. A oficina, ministrada no Circo Escola pela voluntária Maria de Fátima Soares, acontece todas as sextas-feiras.*

O curso — *Em apenas quatro aulas, uma turma de até 15 alunos aprende a fazer cerca de oito receitas básicas que vão desde o simples pão de ervas até os mais apetitosos croissants.*

A formatura — *No dia 30 de maio, um dos grupos comemorou sua formatura. Cada formando levou um convidado que teve o prazer de degustar todas as receitas testadas ao longo do curso. A cerimônia durou três horas e, além dos certificados, cada participante ganhou um livro de 45 páginas com todas as receitas aprendidas durante o curso. Ainda prestigiaram números circenses e danças de outros alunos da escola.*

A instituição — *Telma Coffani, diretora do Circo Escola, comemora: "Essa turma cativou-me muito, porque tivemos dois participantes muito especiais: uma senhora de 65 e um senhor de 70 anos."*

(Notícias do Jardim São Remo, abril de 2007)

Esta hierarquia dos blocos informativos sinaliza para uma ordem de importância: a partir do fato (formatura), destacar o curso, voltar para a formatura e depois a instituição na fala da sua diretora.

Vamos imaginar que este mesmo texto fosse elaborado pela assessoria de imprensa do Circo Escola: certamente o segundo parágrafo seria uma fala da diretora da instituição, uma vez que o objetivo do *relise*[34] é justamente buscar espaços para a voz da instituição no meio jornalístico. Se fosse um jornal interno do Circo Escola, o segundo parágrafo seria da *formatura* (pois imagina-se que muitos dos membros da instituição conheçam o que é o curso).

Note que a organização do texto também é um indicador da angulação dada pelo jornalista ao fato. No exemplo dado, é fato que quem lê a matéria da forma que está produzida vai ficar estimulado a fazer este curso, pois a partir do evento formatura falou-se do curso (o que se aprende, a duração, etc) e a *formatura* é um grande evento que também é um chamariz.

---

[34] Relise é o nome dado ao texto produzido pela assessoria de imprensa para ser enviado aos órgãos jornalísticos.

Esta organização do texto jornalístico também possibilita o trabalho da edição – as chamadas na capa dos jornais e portais, escalada dos telejornais, chamadas no rádio jornal, escolha das imagens, entre outros. Alguns críticos dizem que este padrão textual do jornalismo "matou" a criatividade do texto. Lembra um pouco Honoré de Balzac que em *Ilusões Perdidas* e *Os jornalistas* tece duras criticas ao jornalismo por ser uma atividade que profana a sacralidade da arte do texto. Balzac era um admirador do *ancièn regime,* era contra as alterações nos arranjos institucionais que levaram a constituição da democracia liberal.[35]

Mas relembro que o texto jornalístico tem o objetivo de propiciar a conexão dos cidadãos com a atualidade. Não se pode comparar uma poesia, um conto ou um romance com uma notícia de jornal. Ou mesmo um filme do Godard com um documentário jornalístico.

Lago Burnett, que foi editor do Jornal do Brasil, nos anos 1960, escreveu um livro sobre texto jornalístico chamado *A língua envergonhada*. Neste

---

[35] BALZAC, H. *As ilusões perdidas.* S. Paulo: Cia das Letras, 2016

livro, ele faz uma brincadeira com o Hino Nacional.[36] A primeira estrofe do hino é:

Ouviram do Ipiranga as margens plácidas

De um povo heroico o brado retumbante

E o sol da liberdade em raios fúlgidos

Brilhou no céu da Pátria neste instante

Vamos "desmontar" esta estrofe e colocá-la no formato de um abre de matéria jornalística:

Um brado retumbante de um povo heroico foi ouvido as margens plácidas do Ipiranga. Neste instante, o sol da liberdade, em raios fúlgidos, brilhou no céu da Pátria.

---

[36] BURNETT, L. *A língua envergonhada.* Rio de Janeiro: Nova Fronteira, 1991

Mas aqui eu ainda estou mantendo os termos da letra do hino apenas colocando-a em outra ordem. Para ser mais "jornalístico" ficaria assim:

No dia 7 de setembro de 1822, o imperador D. Pedro proclamou a independência do Brasil em um ato simbólico na margem do riacho do Ipiranga, quando, diante das informações que recebeu no seu retorno da viagem à Santos, gritou com espada em punho: 'Independência ou morte'.

Claro que este texto ficou menos "poético" que a letra do hino. Mas qual é de compreensão mais fácil? Esse é o principal critério de qualidade de um bom texto jornalístico: a sua compreensão.

Dennis de Oliveira. *Iniciação aos Estudos de Jornalismo*. São Paulo: Abya Yala, 2020.

Capítulo 7 – Edição

Na escala hierárquica de uma redação jornalística, o editor é o cargo mais alto. Ele é quem define – junto com outros editores – a pauta, que coordena o trabalho da equipe de reportagem e quem dá o acabamento final no produto jornalístico. Editar é dar o acabamento final no produto jornalístico. Por isto, em geral, quem ocupa este cargo é de confiança do proprietário do veículo e/ou tem grande experiência na profissão.

Nos grandes veículos existem editores para cada uma das seções: por exemplo, política, economia, cultura, esportes, etc. e também um *editor geral* que, em alguns casos, é chamado de *editor responsável ou secretário de redação*. Esta função envolve uma série de preocupações: manter a linha editorial do veículo e, consequentemente, o "contrato" com seu público, gerenciar as fontes de tensão naturais da atividade jornalística (com o público, fontes, anunciantes, poder público), tomar decisões que fogem dos padrões normativos da captação jornalística (como, por exemplo, decidir publicar uma informação vinda de uma fonte *in off,* usar câmeras escondidas, decidir sobre publicação de imagens que podem gerar constrangimentos a uma determinada pessoa, etc), decidir a hierarquia das matérias e quais serão publicadas, os cortes (totais ou parciais), além, como já falamos, da pauta.

E se você tiver um blog pessoal? Aí você vai ser o seu próprio editor e terá que se preocupar também com tudo isso. Não é só escrever o que quiser – estou falando de blogs que se propõem a ser *jornalísticos* – mas ter toda esta gama de preocupações.

O editor é co-reponsável pelo desempenho do veículo jornalístico, daí que ele costuma ter contato frequente com a direção da empresa. Sucesso ou fracasso na audiência serão cobrados dele.

O mesmo ocorre com pendencias judiciais. O editor responde solidariamente na Justiça com o jornalista que tenha publicado uma matéria objeto de um processo judicial. Por que? Porque, em última instância, a matéria saiu porque ele *autorizou.*

Dennis de Oliveira. *Iniciação aos Estudos de Jornalismo*. São Paulo: Abya Yala, 2020.

O editor trabalha no gerenciamento de diversos tipos de pressão. Entre elas, destacamos:

a-) pressão das fontes: fontes que foram consultadas e entrevistadas por jornalistas e ficaram descontentes com a forma que suas falas foram reproduzidas em uma matéria, seja porque o trabalho jornalístico implica em selecionar partes das falas e isto pode dar sentidos distintos da intenção que aquela fonte teve; seja porque a matéria colocou esta fonte em uma situação desconfortável; seja porque o jornalista tenha cometido atitudes consideradas antiéticas por parte da fonte – por exemplo, deu informações incorretas, deturpou falas, entre outros.

b-) pressão de anunciantes: isto ocorre em jornais comerciais, determinados grupos empresariais podem se sentir incomodados com determinadas coberturas que podem ser desfavoráveis para os seus negócios e, por serem anunciantes de determinado veículo, pressionarem o proprietário da empresa e isto pode vir em forma de questionamento ao editor;

c-) pressão de pessoas do universo político, celebridades.

d-) pressão do público: com a internet, a interatividade do público é mais rápida e mais intensa, por isto críticas, opiniões do público chegam rapidamente às redações de todos os veículos independente do suporte.

Assim, o editor tem que ter a capacidade de mediar todas estas reações vindas de diversas direções e estabelecer um diálogo com sua equipe da redação. No caso do blogueiro que pratica o "self made journalism" ele é editor de si mesmo. Por isto, diante de tal situação, é importante entender a natureza das criticas e pressões vindas de todos estes segmentos e saber como lidar com elas. Algumas podem ser importantes para aperfeiçoar o trabalho jornalístico e, para tanto, é preciso não ter preconceito com nenhuma delas. Qual o critério avaliativo? Novamente batemos na tecla: o interesse público.

As críticas tendem a ser motivadas por interesses particulares. Anunciantes, figuras do universo político e celebridades, público em geral... Falam a partir das suas perspectivas e interesses pessoais. Entretanto, tais interesses podem ter elementos que sinalizam para o interesse público. O que não se pode é ter uma arrogância tal que descarta qualquer crítica porque ela vem de uma pessoa que de antemão já se estabelece que ela está preocupada com o seu interesse privado.

Fatos que ocorreram comigo como jornalista:

1 – Eu era assessor de imprensa do Sindicato dos Químicos de Guarulhos nos anos 1990. Na área trabalhista, as categorias profissionais tem meses específicos em que assinam acordos coletivos com os representantes dos empregadores daquela área profissional, no qual são estabelecidas normas coletivas como piso salarial, jornada de trabalho, benefícios sociais, entre outros, para além do que determinam as leis trabalhistas. E tais normas são extensivas a todos os trabalhadores da categoria profissional, independente de serem associados ou não ao sindicato – este é o motivo de existirem contribuições compulsórias dos trabalhadores de uma categoria profissional aos seus sindicatos (informação que é sonegada pela maior parte da chamada "grande imprensa").

Em determinado ano, o Sindicato fechou acordo com os representantes patronais de um reajuste salarial que não só repunha o índice inflacionário como também tinha um aumento real. Uma empresa da cidade, alegando dificuldades financeiras, resolveu por conta própria "parcelar" o reajuste em quatro vezes. O sindicato denunciou a atitude empresarial e eu, como assessor de imprensa, mandei um comunicado com esta informação para a jornalista da redação do jornal Notícias Populares que tinha uma seção sindical. A jornalista publicou a nossa informação e, seguindo o cânone dos dois lados, registrou a posição da empresa que alegava que tinha feito um "acordo" direto com os trabalhadores que teriam concordado com o parcelamento.

Reclamei com a jornalista a forma que ela tratou o problema e a resposta dela foi que a obrigação dela é "ouvir os dois lados" para não ser parcial com um deles.

O que a jornalista não sabia é que acordos firmados diretamente entre empregadores e empregados, sem mediação sindical ou da Delegacia Regional do Trabalho **não tinham validade jurídica** (coloquei o verbo no passado pois com a reforma trabalhista de 2018 tudo isto mudou). Isto porque entendia-se na filosofia da Justiça do Trabalho que o trabalhador é parte mais fraca em uma relação trabalhista e, portanto, acordos que implicam em redução de direitos (como era o caso) precisam ser mediados pelo sindicato. E era exatamente isto que dizia o comunicado que havia mandado. Bastaria ela consultar um jurista ou advogado trabalhista para tirar esta dúvida.

Porém, a arrogância jornalística de considerar que qualquer crítica vinda de um dos lados é meramente interesse particular que não merece ser considerado levou-a a não corrigir este erro de informação.

Evidente que, como assessor de imprensa de um dos lados do conflito, tinha uma posição. Mas isto não significa que, por conta disto, qualquer crítica vindo de minha parte era meramente defesa de interesse particular que contrastava o interesse público.

2 - Em 2005, publiquei vários artigos criticando a cobertura da maior parte dos veículos jornalísticos em relação ao tema da implantação das cotas raciais nas universidades. O assunto era – e é – extremamente polêmico, inclusive com intelectuais que se especializaram na discussão das relações raciais se posicionando contrários à medida. Como ativista do movimento negro, sempre me posicionei a favor das cotas raciais. Entretanto, as críticas que apontava nos meus textos não era por conta das posições dos veículos – que, ainda que sejam diferentes da minha, são legítimas pois estamos em uma democracia. O tom da minha crítica era a *ausência de reportagem* sobre o assunto.

Muitos falavam que as cotas iriam aumentar o racismo nas universidades. Só que ninguém foi interpelar os beneficiários das cotas se isto de fato aconteceu e, se ainda tivesse ocorrido, se isto os incomodava a ponto de ter que abrir mão deste direito. Outros falavam que se tratava de um modelo importado dos Estados Unidos, o que é falso – as cotas surgiram primeiro na Índia e em vários países do mundo elas existem (e não só nos EUA). Onde estão as reportagens para trazerem isto?

A ausência de informações possibilitou a disseminação de um *opinionismo* pouco esclarecedor. Portanto, a critica embora partisse de um lado tinha fundamento.

Dennis de Oliveira. *Iniciação aos Estudos de Jornalismo*. São Paulo: Abya Yala, 2020.

O editor tem também que lidar com dilemas editoriais, como publicar ou não publicar determinadas informações, imagens que podem ferir direitos individuais, planejar as coberturas jornalísticas determinadas pela pauta, gerenciar a checagem das informações e dados além de tomar outras decisões particularmente aquelas que se referem a sair das regras convencionais do jornalismo, como câmeras e gravações escondidas, fontes em off, relativizar a privacidade de determinados personagens.

Fontes em off é um dilema constante no jornalismo atual. São fontes que concordam em fornecer determinadas informações ao jornalista desde que não sejam identificadas. O termo *"off"* vem *de "off the records"*, isto é, fora da gravação. No Brasil, dispositivo constitucional garante ao jornalista o direito ao sigilo da fonte. Isto significa que o jornalista não é obrigado a revelar, em hipótese nenhuma, a fonte de sua informação.

Trata-se de uma conquista dos jornalistas pois isto dá segurança às fontes que desejam permanecer anônimas que não terão o seu anonimato quebrado por uma eventual ordem judicial. Mas esta conquista deve ser usada com responsabilidade por nós, jornalistas. A fonte em "off" é uma EXCEÇÃO da regra do jornalismo que é identificar todas as suas fontes. Por ser exceção, deve ser usada somente em casos que sejam plenamente justificadas. Por ser uma decisão difícil, deve ser tomada junto com o editor.

Além disto, informações obtidas por fontes em off devem ser ponto de partida e não de chegada. Isto é, precisam ser checadas e confrontadas com outras fontes, preferencialmente "em on". E o jornalista precisa também avaliar a relevância pública daquela informação, o motivo pelo qual aquela fonte quer ficar anônima, qual o interesse dela em disseminar tal informação tão sensível que ela precisa ficar anônima, quais outros atores envolvidos, entre outros. Não basta registrar a denúncia.

As reportagens do *Washington Post* do escândalo do Watergate em 1972 foram produzidas a partir de orientações de uma fonte anônima – o *Garganta Profunda* – mas os jornalistas Carl Bernstein e Bob Woodward não se limitaram a registrar falas desta fonte. Buscaram checar informações, outras fontes, entrevistar pessoas até desvendarem todo o

Dennis de Oliveira. *Iniciação aos Estudos de Jornalismo*. São Paulo: Abya Yala, 2020.

escândalo. No caso, a fonte anônima foi uma "orientadora" da pauta.

As reportagens do portal *The Intercept* que desvendaram os esquemas ilícitos da Operação Lava Jato que envolveram o juiz Sérgio Moro e procuradores do Ministério Público de Curitiba se basearam em informações passadas por uma fonte anônima que "hackeou" os celulares destas pessoas e teve acesso a troca de mensagens entre eles. Aqui entra uma outra questão, a obtenção das informações foi realizada de forma ilegal. Porém, ela **não foi feita pelo jornalista e sim pela fonte.** E o que conta aqui é a relevância pública. O portal *The Intercept* – que inclusive fez parcerias com outros veículos informativos como a revista Veja e o jornal Folha de S. Paulo - teve o cuidado de checar as informações e dados que foram repassados, inclusive tomando o cuidado de não divulgar informações de cunho exclusivamente pessoal e íntimo. E com todos estes cuidados foi publicando aquelas informações relevantes que foram mostrando aspectos questionáveis eticamente e legalmente de juízes e procuradores que tocaram uma operação que colocou na cadeia diversas figuras políticas de grande expressão, inclusive um ex-presidente da República. E ainda o portal procurou sempre ouvir o outro lado que estrategicamente preferiu náo se pronunciar, alegando que as informações foram obtidas de forma ilegal e não reconhecia a veracidade das mesmas.

Em televisão, outro recurso utilizado eventualmente é a câmera escondida. O repórter vai, por exemplo, cobrir a qualidade de atendimento de um hospital por conta de varias reclamações de usuários. Disfarça a sua condição de repórter, esconde a câmera em algum lugar da sua bolsa ou mochila e vivencia a situação das pessoas no atendimento daquele hospital. Estas imagens foram captadas sem que as pessoas que eventualmente aparecem saibam que estão sendo filmadas. É uma situação que foge as regras, pois uma pessoa tem o direito de se recusar a dar entrevista ou querer aparecer na televisão. Por isto, este tipo de atitude só se justifica em casos excepcionais e que se garanta a preservação da privacidade das pessoas (no caso, em um hospital um paciente tem o direito de preservar sua privacidade).

Assim, a regra é seguir o padrão: o jornalista se identificar como tal e fazer a reportagem com o consentimento das fontes que irá entrevistar e as identificando. Qualquer outro procedimento que fuja deste padrão deve ser justificado e decidido juntamente com o editor.

No caso de ser um jornalista que trabalha "solo", free-lancer, blogueiro, youtuber, é importante pensar em todas as consequências que pode causar ao decidir por estes modelos "heterodoxos" de cobertura: para o jornalista (pois pode até render processos judiciais), para pessoas. A sedução por um furo não pode se sobrepor a estes cuidados. Lembre-se sempre que uma informação disseminada pela mídia (e sempre é bom lembrar que em tempos de internet e redes sociais, não conseguimos controlar o alcance das nossas matérias) pode destruir reputações.

E isto é de responsabilidade do jornalista e, principalmente, do editor de um veículo. Afinal, o editor é responsável pela reputação e credibilidade do veículo que dirige. Assim, a verticalidade que existe em redações com o comando do editor pode até gerar incômodos aos jornalistas, mas é inevitável. Claro que junto com estes cuidados, há exemplos de procedimentos autoritários de certos editores que usam as suas posições de mando em prol de interesses pessoais (ou da empresa). Isto é um grave problema produto de relações promíscuas entre o jornalismo e estruturas de poder. Entretanto, não há como ter ilusões de que em um veículo jornalístico, o jornalista vai ter plena liberdade de publicar o que quer. E ainda que ele, por exemplo, crie um veículo dele esta "plena liberdade" também não vai existir, pois sempre haverá limites legais, institucionais, comerciais, entre outros.

No ano de 2001, estourou um escândalo que abalou a credibilidade do jornalismo. Um premiado repórter do *The New York Times*, chamado Jaison Blair, admitiu que muitas das matérias que ele tinha feito eram "inventadas". Porque este escândalo abalou? Porque envolveu um jornalista premiado e de um prestigioso veículo. O público imaginou: "se uma coisa dessas aconteceu no The New York Times, imagina nos demais". Num primeiro momento, todas as baterias foram para criticar a pessoa do jornalista (inclusive mobilizando os sentimentos racistas já que Blair é negro).

Porém, com o tempo, pesquisadores de jornalismo foram mostrando que o ocorrido foi fruto de falhas estruturais no processo de gerenciamento da produção do próprio jornal. Por exemplo, a inexistência de checagens das informações, o fato do repórter ter feito matérias em outras cidades e não ter nenhuma fatura de viagem e hotel no departamento administrativo do jornal e até mesmo uma certa condescendência com o jornalista pelo fato dele ter assumido posturas aderentes à filosofia empresarial do jornal. Em outras palavras, o fenômeno Jaison Blair foi produto de uma estrutura e não apenas de um desvio de comportamento do jornalista.

Este é um exemplo da necessidade de se ter um gerenciamento eficaz dos fluxos de produção da informação para evitar que erros (mais graves, como este de Blair, ou menores que podem acontecer sem qualquer má fé do jornalista) possam por em risco a credibilidade do veículo.

Dennis de Oliveira. *Iniciação aos Estudos de Jornalismo*. São Paulo: Abya Yala, 2020.

Capítulo 8 – Opinião no jornalismo

Há uma diferença significativa entre *opinião* e *opinionismo*. Nunca se deve esquecer que o jornalismo se pauta pelo interesse público. E isto vale tanto para os gêneros informativos como opinativos do jornalismo.

O fato de ter uma coluna assinada em veículo impresso, digital ou mesmo no audiovisual não significa que você pode escrever ou falar o que quiser. E nem tampouco usar do privilégio de emitir opiniões sem apresentar quaisquer argumentos, limitando-se a ofender ou difamar o eventual criticado.

Há vários gêneros opinativos no jornalismo:

a-) editorial – que expressa a opinião oficial do veículo ou da empresa jornalística que o produz;

b-) artigos e colunas – expressa a opinião de quem o assina

c-) crônica – tipo de texto jornalístico mais literário que em geral trata de aspectos líricos dos fatos contemporâneos;

d-) charge – ilustrações que caricaturizam personagens ou situações da atualidade;

e-) resenha ou critica – avaliação de produtos culturais, como peças de teatro, filmes, exposições de arte, espaços de lazer como restaurantes, hotéis, casas de espetáculos.

A ideia de separar o que é informação e o que é opinião aparece justamente com a mercantilização do jornalismo. Nos seus primórdios, o jornalismo era puramente *opinativo*, pois tratava-se de uma atividade de defender determinadas causas. Lembro que o primeiro jornal brasileiro foi o *Correio Braziliense*, surgido em julho de 1808 na cidade de Londres. Por que o primeiro jornal brasileiro surgiu em Londres? Porque ele foi criado por Hypólito da Costa para defender a causa da independência do Brasil e por esta razão era proibido pela Coroa Portuguesa. Chegava por aqui de forma clandestina. Assim, a imprensa no Brasil já nasce censurada...

E por que a mercantilização separa o que é informação e o que é opinião? Justamente porque ao transformar a notícia em uma mercadoria, as empresas jornalísticas e de comunicação vendem-na como se fosse uma narrativa "neutra", "imparcial" e que pode ser "consumida" por qualquer pessoa independente da sua posição político-ideológica. Assim, o "consumidor" de notícias fica previamente informado do que é o "fato" e do que é a "opinião sobre o fato" previamente – por isto, as colunas são assinadas e sempre há indicadores de que se trata de opinião (seja pelo tom de voz do apresentador no caso de programas televisivos, seja pela estética visual diferente no jornalismo impresso ou mesmo nos portais).

O professor Manuel Carlos Chaparro afirma que esta separação entre informação e opinião não é tão simples assim, ou mais taxativamente, é "uma fraude teórica".[37] Isto porque ao construir uma notícia, o jornalista opera uma série de procedimentos

---

[37] CHAPARRO, M. C. "Opinião x informação: uma fraude teórica?" in: Portal Comunique-se, de 24/07/2003

subjetivos, de seleção e hierarquização de fontes, falas, articulação de ideias. Assim, ele afirma que o que existe é a predominância de narrativas que *relatam* acontecimentos – que se convencionou chamar de *jornalismo informativo* – e narrativas que *comentam* acontecimentos – que se convencionou chamar de *jornalismo opinativo*. Em outras palavras, haveria dois gêneros jornalísticos: o relato e o comentário.

Assim, seguindo esta classificação proposta por Chaparro, falar de jornalismo opinativo é tratar de narrativas jornalísticas que comentam acontecimentos. E, por isto, fundamental para um bom texto opinativo é saber como construir uma lógica de comentários.

A primeira lição que é importante na construção de um texto neste gênero é *não querer ser o dono da verdade.* Existem ou podem existir opiniões diferentes da sua. Mais que existir ou poder existir, *tem o direito de existir.* Jornalismo é filho direto da democracia e democracia significa embate de ideias.

Daí temos a segunda lição: se trata de embate de "ideias" e não de pessoas. Ofender ou difamar uma pessoa não é argumento para sustentar um comentário.

Dennis de Oliveira. *Iniciação aos Estudos de Jornalismo*. São Paulo: Abya Yala, 2020.

Assim, a lógica argumentativa de um texto opinativo deve partir do pressuposto de que ele vai entrar em um "debate de ideias" e que, portanto, deve reunir argumentos constituídos preferencialmente com base e dados ou fatos verídicos para desconstruir a ideia contrária e sustentar a sua.

Quando estava na faculdade de jornalismo, um exercício que um professor propunha era muito interessante: construir um texto opinativo com o mínimo de adjetivos possível. Um desafio, pois em um primeiro instante, o ímpeto é desqualificar a pessoa ou a ideia, usando e abusando de adjetivos. Ou, o contrário, elogiar uma pessoa ou ideia também lançando mão de qualificativos.

Mas isto pouco contribui para o debate de ideias. O papel do jornalismo opinativo é contribuir para um debate qualificado. Por isto, independente de posição o que é importante é mobilizar dados e fatos verídicos para construir uma argumentação que sustente uma posição.

E se os dados e fatos disponíveis não forem suficientes para sustentar uma posição? Simplesmente, a posição que você pretende defender não é ainda sustentável e a orientação é não a publicar. Por isto, ter um espaço seu no jornalismo não significa que qualquer coisa pode ser falada ou publicada, ainda que tenha a sua assinatura.

As tecnologias de informação e comunicação fortaleceram as chamadas "bolhas sociais", pessoas que se relacionam virtualmente apenas com outros que pensam de forma semelhante. Isto tem um certo impacto no consumo de informação pois estas pessoas acabam por procurar veículos que "dizem o que querem ouvir". Em contrapartida, estes veículos apresentam visões e opiniões que atendem a estas expectativas. Novamente aqui vem o INTERESSE DO PÚBLICO e não INTERESSE PÚBLICO.

Não tem nada pior para a construção da esfera pública que discursos que se autocentram. Não significa que veículos jornalísticos não possam segmentar os seus públicos. É uma estratégia comum quando se propõem novos veículos que utilizam as plataformas de tecnologias de informação e comunicação. Mas a segmentação implica em um tipo de *interpelação a um sujeito fragmentado.*[38]

Vou explicar melhor. Imagine que você quer construir um portal de notícias voltado a microempresários. Este é a sua proposta de segmentação. Evidente que este segmento social tem interesses próprios como, por exemplo, tributos, burocracia, políticas econômicas, fornecedores, etc.

A partir disto, textos opinativos podem ser construídos conectando estes interesses particulares deste segmento ao interesse público. Por exemplo, no início de 2020, o Brasil passou por uma epidemia de coronavirus. Uma epidemia internacional. A forma eficaz de combater a disseminação desta epidemia era o isolamento das pessoas. Diante disto, medidas foram tomadas no sentido de fechar o comércio, reduzir a presença de pessoas em espaços públicos, como shoppings centers, entre outros. Evidente que tais medidas impactaram profundamente a economia e,

---

[38] Vários autores falam do conceito de sujeito fragmentado, um sujeito atravessado por múltiplas possibilidades de identificação. Uma leitura interessante sobre isto pode ser encontrada em HALL ,S. *A Identidade cultural da pós modernidade*. S. Paulo: LPA, 2001

dentro dela, microempresários, como lojistas, prestadores de serviços foram os mais prejudicados. Alguns correram o risco de fechar as portas.

Ai o que temos? Um conflito do interesse particular de um setor (os microempresários) que é o público alvo do veículo e o interesse público de toda a sociedade. Como se portar? Seria extremamente antiético uma narrativa opinativa contrária às medidas de isolamento como forma de combate ao coronavirus apenas sob o argumento de prejudicar este determinado setor. Pode até ser uma opinião que agrade aos ouvidos do seu público mas se não houver dados e fatos verídicos que desmintam que as medidas de isolamento são a única forma eficaz de combater a epidemia, trata-se de *opinionismo voltado ao interesse do público.*

Um veículo destes pode, por exemplo, reivindicar politicas de apoio ao microempresário em uma situação como esta (a França e a Espanha, por exemplo, esticaram o vencimento das taxas, impostos e outras dívidas para pequenos empreendedores) mas somente contestar as medidas recomendadas pelas autoridades de saúde para conter a epidemia *se houver argumentos baseados em dados e fatos para contestá-las.*

Isto é uma dificuldade imensa pois é possível que em determinadas situações, as opiniões expressas pelos meios jornalísticos contrariem a maioria das opiniões particulares do seu público. Mas este debate precisa ser enfrentado e isto é o grande papel do jornalismo, caso contrário ele não seria necessário: para que o jornalismo se ele apenas referenda ou reforça opiniões já pré-concebidas? Aliás, este é um dos principais motivos da troca do jornalismo pelas informações que circulam nas redes sociais. Respeitando e dialogando com as opiniões particulares, o principal desafio do jornalismo – inclusive o opinativo – é construir estas pontes.

E qual a estética dos textos opinativos? É claro que ela é diferente do texto informativo pois parte do pressuposto de que o público *já está informado sobre aquele assunto.*

Assim, em geral o "abre" do texto opinativo se inicia com o que chamo de "pensata" – uma síntese das ideias que o autor do texto opinativo quer defender.

Na sequência da "pensata", elencam-se os dados e fatos que sustentarão a argumentação a ser defendida, na sequencia estabelece um diálogo crítico com posição ou posições contrárias descontruindo suas bases argumentativas e fecha com uma perspectiva que pode ser uma posição, uma reivindicação ou reforçar a ideia inicial.

Vamos ver alguns exemplos a seguir:

Dennis de Oliveira. *Iniciação aos Estudos de Jornalismo*. São Paulo: Abya Yala, 2020.

Editorial da Folha de S. Paulo de 24/10/2008[39]

Pacote infeliz Medida provisória que libera bancos estatais para fazer compras sem limite tem equívocos e precisa ser reformada

Abre com a "pensata"

O PRESIDENTE Luiz Inácio Lula da Silva tanto esconjurou a hipótese de editar um pacote anticrise, mas acabou produzindo o seu. Antes tivesse mantido a palavra. A medida provisória 443, que autoriza bancos estatais a comprarem qualquer tipo de empresa sem a devida prestação de contas, é uma mistura de equívocos e irresponsabilidade.

Com o pacote, o governo federal dá uma guinada perigosa no modo de abordar os efeitos do desarranjo global sobre o país. A autorização para que Banco do Brasil e Caixa Econômica Federal adquiram participações ilimitadas em "instituições financeiras, públicas ou privadas" dissemina a impressão de que, para o governo, os problemas com as finanças domésticas são muito mais graves do que se supunha.

Elenca informações que sustentam argumentação

A mensagem colide com a frase "Não tem banco quebrando", dita pelo ministro Guido Mantega na entrevista em que anunciou as novas medidas. Choca-se também com a convicção de que, à diferença da situação nos EUA e na Europa, não há risco sistêmico sobre a malha bancária nacional. Até onde os dados permitem ver, as principais instituições financeiras do Brasil estão bem capitalizadas e correm risco baixo em suas operações.

Há um problema, já detectado, mas que afeta a periferia do sistema bancário. Instituições menores têm dificuldade para conseguir linhas de crédito de curtíssimo prazo. O Banco Central já está agindo para suprir essa necessidade emergencial. Em situações mais delicadas, a

---

[39] "Pacote infeliz", editorial da Folha de S. Paulo, de 24/10/2008, disponível em https://www1.folha.uol.com.br/fsp/opiniao/fz2410200801.htm

compra de carteiras de crédito dessas instituições por bancos maiores ou mesmo a transferência do controle são soluções plausíveis e inofensivas para o sistema.

A habilitação do Banco do Brasil para atuar nesse mercado de aquisições, desde que restritas ao segmento financeiro, é o único ponto defensável da medida provisória -embora, mesmo assim, devesse haver fiscalização, da parte do Congresso, sobre cada passo dado nessa direção. O BB tem ações negociadas em Bolsa e está submetido a um nível razoável de controle público.

Desconstrói posição contraria

A inclusão da Caixa Econômica Federal, banco 100% estatal, é bastante questionável. A criação de um braço da Caixa para comprar participações, sem limites, em empresas de quaisquer setores da economia não faz nenhum sentido e deveria ser derrubada no Congresso. A pretexto de ajudar o setor imobiliário, a intenção anunciada pelo governo é que a CEF se torne sócia de empreiteiras -remédio errado, decorrente de diagnóstico errado.

A construção civil debate-se contra a escassez de capital de giro: falta crédito, principalmente para iniciar novos projetos. A ação dos bancos estatais nessa área deveria limitar-se a assegurar um nível mínimo de empréstimos de curto prazo ao segmento, enquanto durar a fase aguda da crise. Outro eixo de atuação poderia ser financiar fusões e aquisições no segmento, onde atua grande número de empresas. Para isso já existe o BNDES. O guichê de ajuda obscura a construtoras proposto para a Caixa é, portanto, dispensável.

O governo Lula difunde a versão de que, ao editar a MP, inspirou-se no pacote de Gordon Brown, premiê britânico, que inaugurou a linha de estatizar parcialmente grandes bancos a fim de estancar o pânico. A peça brasileira mais se assemelha, contudo, ao cheque em branco solicitado pelo Tesouro dos EUA ao Congresso daquele país.

Dennis de Oliveira. *Iniciação aos Estudos de Jornalismo*. São Paulo: Abya Yala, 2020.

> ***O Legislativo brasileiro não deveria endossar o texto sem determinar alterações fundamentais, em nome do interesse público.***
> **(fecho reforçando a posição e apontando perspectivas)**

Uma outra forma de construir um texto opinativo é ir elencando fatos, amarrando-os de tal forma que conduz a uma linha argumentativa para concluir com a posição a ser defendida como no texto a seguir:

Editorial do O Estado de S. Paulo, 27/05/2019[40]

Abre com fato

Em evento promovido pela International Bar Association sobre segurança jurídica e os riscos de insolvência na economia globalizada, o presidente do Supremo Tribunal Federal (STF), ministro Dias Toffoli, fez duas observações importantes sobre o papel do Judiciário e suas relações com o Executivo.

Interpreta os fatos construindo argumentos

A primeira observação foi sobre as relações entre o direito e a economia, principalmente num cenário de emaranhado de leis. Segundo ele, a ideia de que "a economia deve conduzir o direito" causa preocupação no âmbito da Justiça, uma vez que seus membros têm de decidir com base na racionalidade lógico-formal do sistema jurídico, e não com base na racionalidade funcional do sistema econômico. É por isso que os tribunais devem ter a "frieza" de fazer valer os contratos e de preservar atos juridicamente perfeitos, desempenhando assim suas atribuições constitucionais, afirmou Toffoli.

A segunda observação foi no sentido de que, ao julgar litígios, os juízes devem prender-se mais às normas, cuja redação é objetiva, do que aos princípios jurídicos, que são expressos por conceitos indeterminados. Magistrados querem "fazer justiça em caso concreto, em vez de aplicar a lei. A função dos tribunais é aplicar a Constituição e as leis. É garantir que as normas jurídicas e as regras do jogo político sejam cumpridas como foram estabelecidas", disse ele.

O pronunciamento do presidente do Supremo Tribunal Federal ocorreu três dias depois que o presidente Jair Bolsonaro divulgou um texto que acusa o Legislativo e o Judiciário de impedi-lo de governar e praticamente às vésperas de manifestações de grupos que apoiam o Executivo contra os outros Poderes. O discurso também

---

[40] "O STF e o Executivo", editorial do Estado de S. Paulo, de 27/05/2019, disponível em https://opiniao.estadao.com.br/noticias/notas-e-informacoes,o-stf-e-o-executivo,70002844556

Dennis de Oliveira. *Iniciação aos Estudos de Jornalismo*. São Paulo: Abya Yala, 2020.

foi feito no mesmo dia em que os jornais mostravam que, em apenas 135 dias de gestão, cerca de 30 medidas adotadas pelo governo Bolsonaro estavam sendo questionadas na mais alta Corte do País. Entre as normas cuja constitucionalidade está sendo contestada estão o decreto que determinou o contingenciamento das verbas das universidades federais, o decreto que ampliou o direito de porte e posse de armas e a medida provisória que proíbe desconto de contribuição sindical em folha de pagamento.

Toffoli usou cautelosamente as palavras, mas suas observações foram um recado claro dirigido ao Executivo. Na primeira observação, ele deixou claro que, se a Constituição e as regras do processo legislativo não forem devidamente observadas na votação de Propostas de Emenda Constitucional, o STF não hesitará em declarar sua inconstitucionalidade. Em outras palavras, por mais importante que seja a reforma previdenciária para a contenção da crise fiscal, os argumentos jurídicos dos 11 ministros da Corte prevalecerão sobre os argumentos econômicos do governo. E por mais urgentes que sejam as medidas destinadas a conter a crise fiscal, o Supremo não aceitará que elas passem por cima de atos juridicamente perfeitos.

Em sua segunda observação, Toffoli também demonstrou habilidade. Ele sabe claramente que parte das críticas que a Justiça tem sofrido decorre da opção de determinados magistrados por interpretações extensivas do direito, muitas vezes com a intenção de proteger o que supõem ser a parte mais fraca nos litígios, o que torna as decisões judiciais imprevisíveis e dissemina a insegurança do direito. Assim, ao recomendar enfaticamente aos juízes que deixem de lado, em seus julgamentos, a "ponderação de princípios" e levem em conta o que a lei diz, o presidente do STF antecipou-se a uma crítica que era esperada nas manifestações de domingo.

A tensão entre o Executivo e o Judiciário só está ocorrendo por causa de dois equívocos cometidos pelo presidente da República. O primeiro é o expediente de usar decretos e medidas provisórias para tratar de matérias que teriam de passar pelo Congresso sob a forma de projetos de lei ou de Propostas de Emenda Constitucional. O segundo é

> **desprezar os órgãos técnicos responsáveis pela qualidade da elaboração legislativa. As consequências desses erros são imprevisíveis e podem custar caro ao governo e ao País.**

Abaixo, um exemplo de resenha crítica de cinema:

```
'La Casa de Papel' volta com personagem
transexual, traições e casamento de Berlim
(Folha de S. Paulo, de 20/03/2020)[41]
```

ABRE

Com macacões vermelhos e máscaras de Salvador Dalí, Tokyo, Rio e toda a gangue de assaltantes estão de volta para a quarta parte de "La Casa de Papel". Os novos episódios chegam ao catálogo da Netflix em exatas duas semanas, no dia 3 de abril.

INTERPRETAÇÃO E INFORMAÇÕES

A história começa a partir dos principais pontos deixados em aberto nos últimos capítulos: o disparo contra Nairóbi (Alba Flores), que a deixa entre a vida e a morte, e a captura de Lisboa (Itziar Ituño) pela polícia, que faz com que Professor (Álvaro Morte) acredite que ela esteja morta.

"La Casa de Papel - Parte 4" procura provar que, mesmo após um roubo bem-sucedido e as diversas reviravoltas dentro do Banco da Espanha (que continua sendo cenário nos novos episódios), a história dos anti-heróis ainda / tem como cativar o público.

Na nova temporada, os personagens passarão por perseguições emocionantes, simulações de acidentes de carro, e precisarão até fazer uma cirurgia sem ter qualquer experiência prévia. A partir do terceiro episódio, começam a ser inseridos novos personagens que se tornam essenciais para a trama, incluindo um que é transexual.

E uma nova ameaça aparece: o trailer da série já revelou que Gandía (José Manuel Poga), chefe de segurança do

---

[41] Disponível em https://f5.folha.uol.com.br/cinema-e-series/2020/03/la-casa-de-papel-volta-com-personagem-transexual-traicoes-e-casamento-de-berlim.shtml

Dennis de Oliveira. *Iniciação aos Estudos de Jornalismo*. São Paulo: Abya Yala, 2020.

Banco da Espanha que aparece na Parte 3, consegue escapar dos assaltantes e plantará armadilhas para liberar os reféns e tentar impedir o roubo.

Por outro lado, com os nervos cada vez mais à flor da pele, o grupo tem momentos de conflito frequentes e alguns de seus integrantes acabam se tornando um problema a mais para que eles tenham sucesso no roubo. Frente a tudo isso, Palermo perderá o posto de líder, que será passado para novas mãos.

Helsinki (Darko Peric), um personagem de menor destaque nas duas primeiras partes da série, acaba se tornando um elo essencial para seus acompanhantes se manterem sãos. As mulheres do bando também procuram, cada vez mais, impor sua força, mesmo diante de diversas situações de assédio e até estupro.

Novamente, haverá um grande arco em cima dos romances entre os assaltantes, e novos casais —até improváveis— serão formados, enquanto outros precisarão lidar com términos. Para os fãs mais saudosos, Berlim (Pedro Alonso) aparecerá em flashbacks inéditos que mostram o dia de seu casamento.

"Essa próxima temporada será uma explosão por muitas razões", explica Alex Pina, criador da série, em entrevista ao portal mexicano Estilo DF. "Nesta quarta temporada, o que propomos é parar um pouco, abaixar a velocidade para poder saborear alguns personagens drasticamente e, em seguida, tem uma explosão novamente, no meio da temporada. É uma temporada muito especial para poder saborear, e com bombas muito poderosas."

Vale lembrar que a série chegou às telas dos brasileiros no Natal de 2017 com um grupo de assaltantes invadindo a Casa da Moeda espanhola e imprimindo bilhões de euros com a intenção de roubá-los. Na terceira e mais recente temporada, a primeira produzida pela Netflix, os anti-heróis estão ricos e preparam um novo crime. O alvo é o Banco da Espanha. / A renovação para a quarta temporada se deu em junho, antes de a estreia da terceira temporada. A série, que levou o prêmio Emmy Internacional de melhor drama em 2018, foi inicialmente transmitida pela rede espanhola Antena 3, até que no final de 2017 a Netflix adquiriu seus direitos e ela se tornou a série não anglófona mais vista na plataforma americana.

179

Em geral, as resenhas críticas de produtos culturais têm como objetivo trazer uma perspectiva para pessoas que ainda não usufruíram daquele bem cultural. No caso aqui, a resenha trata da nova temporada de uma série de televisão. O autor da resenha apresenta alguns elementos que estarão presentes na nova temporada, faz uma rápida análise, acrescenta outras informações para além do produto (como declarações do diretor, informações sobre patrocinador, entre outros) permitindo que o público amplie sua perspectiva sobre a obra. Desta forma, textos como este não apenas apresentam opiniões sobre um produto, mas também possibilitam que o público possa analisa-lo a partir de outras perspectivas (como intenções do autor da obra expressas em entrevistas, os entornos da produção, entre outros). O papel deste tipo de texto opinativo é de apresentar perspectivas amplas de leitura dos bens culturais.

O grande problema deste tipo de texto opinativo é sair do gosto pessoal. Qualquer pessoa tem suas preferências em relação a determinados produtos culturais – televisão, cinema, teatro, entre outros. Mas o papel do texto opinativo no jornal é estabelecer parâmetros para um debate, dai que é necessário deixar as argumentações nítidas. Por que isto é, sobretudo, reconhecimento e respeito a outras eventuais posições.

Outra coisa importante em jornalismo opinativo refere-se a ética. É comum jornalistas da área de cultura, por exemplo, receberem livros recém lançados, convites para pré-estreias de filmes, press kits de assessorias de imprensa de empresas da área da indústria cultural ou órgãos governamentais. O mesmo ocorre com outros setores, como jornalismo gastronômico, econômico, político – como já comentei anteriormente aqui, você acaba se envolvendo em um circuito de eventos e relações que podem, inconscientemente, impactar seus pontos de vista.

Em todas as áreas há sempre divergências, disputas, confrontos de diversos tipos. Sempre é bom conhece-los e procurar manter uma certa equidistância entre eles, ainda que você tenha suas posições e preferencias pessoais que devem sempre ser transparentes para que o público saiba de que lugar está falando. Daí novamente a recomendação: a opinião sempre deve estar baseada em argumentos que, por sua vez, são centrados em fatos verídicos. Esta é a diferença central entre *opinião* e *opinionismo*.

Quer experimentar isto? Escreva em um papel os motivos que faz você gostar ou não gostar de determinada pessoa utilizando o mínimo de adjetivos possível. Elenque fatos, situações e outras informações que demonstrem este seu gosto pessoal e, a partir dai, construa seus argumentos. Muitas vezes, nossas opiniões pessoais decorrem de preconceitos que ocupam o espaço de desconhecimento sobre pessoas e situações. Ou também da dificuldade que temos em aceitar pessoas que pensam diferente da gente.

Capítulo 9 – Retomando a teoria: reinvertendo a pirâmide

O professor Adelmo Genro Filho é autor de uma das mais interessantes teorias sobre jornalismo: a de que o jornalismo é uma forma própria de apropriação do conhecimento cristalizada na singularidade dos fatos. Genro Filho defende que o jornalismo é um tipo de ação cultural típica do capitalismo porque conecta o sujeito a imediaticidade dos fatos possibilitando que ele participe desta construção da realidade a cada momento. Para Genro Filho, isto é uma condição fundamental para o exercício pleno da cidadania, razão pela qual ele enxerga um potencial emancipador no jornalismo.

> "Nossa abordagem postula a aplicação do método dialético-materialista, tomada esta expressão não no sentido do reducionismo econômico ou do naturalismo dialético – o que conduz a um enfoque de matiz positivista – mas numa perspectiva marxista que toma as relações práticas de produção e reprodução da vida social como ponto nodal da autoprodução humana na história"[42]

---

[42] GENRO FILHO, Adelmo. O segredo da pirâmide: para uma teoria marxista do jornalismo. Porto Alegre: Ortiz, 1989

O que Genro quis dizer com isto? Que o *timing* de conexão do conhecimento da realidade sendo construída cotidianamente acompanha a própria lógica da reprodução da vida social nas suas práticas de produção e reprodução. Isto significa que o cotidiano imposto pela forma de vida do capitalismo exige que o sujeito-cidadão saiba, por exemplo, qual é a previsão do tempo do dia, como está o trânsito na cidade e até as perspectivas econômicas e políticas do seu país que podem afetar, por exemplo, decisões que pretende tomar em relação ao seu emprego, a contrair novas dívidas, entre outros. E, evidentemente, a partir disto, tomar posições quando é interpelado a decidir em uma eleição, plebiscito ou mesmo opinar sobre determinados assuntos em uma roda de amigos.

É a partir desta natureza do jornalismo que Genro Filho constrói sua teoria. Segundo ele, a maior parte das teorias de jornalismo partem de uma perspectiva externa a lógica produtiva da atividade – enfocando, por exemplo, as estruturas produtivas, a mercantilização da imprensa, a monopolização – gerando uma falsa ideia de uma distinção entre a "teoria" do jornalismo e a "prática". De fato, se observarmos como os currículos dos cursos de jornalismo são montados na sua maior parte, ocorre esta distinção. Inclusive há casos em que as "teorias" do jornalismo (ou da comunicação) são privativas dos que são formados em outras áreas de ciências sociais, enquanto que aos professores de jornalismo compete apenas o ensino das técnicas. Como se as técnicas não fossem teorias em atos.

O que temos a partir de Genro Filho é que toda esta forma de codificação e transmissão desta narrativa jornalística tem uma base epistêmica própria: é uma forma de conhecimento da realidade cristalizada no singular.

O que significa isto?

Enquanto a ciência caracteriza-se como uma forma de conhecimento da realidade cristalizada na universalidade (a ciência sempre aspira a postulados universais que sejam válidos para fenômenos semelhantes, como por exemplo, a água passa do estado líquido ao gasoso quando atinge 100 graus centígrados – qualquer água) a arte possibilita esta apropriação da realidade pela particularidade da subjetividade (a representação de uma mulher no quadro Mona Lisa, de Leonardo Da Vinci, é uma apreensão particular da subjetividade de Da Vinci); o jornalismo ancora esta mediação com a realidade pela singularidade dos fatos (a água terá importância se ela for, por exemplo, objeto de um fato como problema de abastecimento em uma comunidade; ou o quadro de Da Vinci será jornalístico se houver uma exposição no museu da cidade, por exemplo).

Exemplificando melhor, vamos pegar um fenômeno contemporâneo como o grande contingente de crianças que vivem nas ruas. É possível analisar este fenômeno cientificamente, utilizando os pressupostos das teorias das ciências sociais (sociologia, ciência politica, etc) e, a partir do fenômeno singular, estabelecer conexões com postulados teóricos destas ciências. Ou ainda tal fenômeno servir de inspiração para uma poesia como esta de Sérgio Vaz:

Dennis de Oliveira. *Iniciação aos Estudos de Jornalismo*. São Paulo: Abya Yala, 2020.

PALCO

Sérgio Vaz

*Seguem os meninos
deslizando na avenida
vendendo drops na caixinha
tentando um papel
no palco desta vida.
Em cada esquina
uma plateia diferente
bate palma e não sente
que este ato não termina.
No palco do asfalto
cenas fortes,
no frágil nu do corpo.
Veste lágrimas
maquiadas de sorrisos
que desbotam na luz fria da noite,
bastidores da verdade.
Seguem os meninos
no palco desta vida
representando seu verdadeiro papel.*

Ou ser uma pauta de uma reportagem como esta:

Abuso e violência: 70 mil crianças vivem em situação de rua, diz ONG

Em São Paulo, existem 1.800 crianças vivendo nas ruas. Destas, 900 estão na região central, segundo a ONG Visão Mundial, que atua em 10 Estados

SÃO PAULO
Plínio Aguiar, do R7
20/02/2019 - 04h33 (Atualizado em 20/02/2019 - 21h40)

Na foto, uma criança assistida por um dos programas da ONG Visão Mundial
Divulgação ONG Visão Mundial

Sentado na escadaria da Catedral da Sé, na região central de São Paulo, Breno Dias*, de 13 anos, almoça uma marmita composta por arroz, feijão e um pedaço de frango, por volta de 13h. "Me dá um pedacinho", pede outro menino. O prato não é o suficiente, mas ainda assim ele o divide com mais seis crianças. O grupo entrou para a estatística da ONG Visão Mundial, que aponta a existência de 70 mil crianças em situação de rua em todo o Brasil.

Cabelo preto, de baixa estatura, olhos castanhos, mãos sujas e roupas rasgadas, Dias desvia o olhar diversas vezes para as demais ações que ocorrem na praça. "Eu morava com a minha mãe em um barraco. Não conheci o meu pai porque ele está preso. Em casa, eu era violentado quase todos os

Fonte: portal R7, de 20/02/2019 – (https://noticias.r7.com/sao-paulo/abuso-e-violencia-70-mil-criancas-vivem-em-situacao-de-rua-diz-ong-20022019)

O que dá o start no texto jornalístico é um fato presente: no exemplo dado, uma pesquisa feita por uma ONG sobre a situação de crianças de rua. E aí todos os critérios de noticiabilidade, a discussão sobre relevância e interesse público, entre outros, entram como valores definidores do que será disseminado ou não.

Mas o ponto de partida é a singularidade do fato: uma ONG divulgou uma pesquisa sobre crianças que vivem nas ruas.

Por isto, Genro Filho propõe uma reinversão da pirâmide. Vimos anteriormente que uma das características do texto jornalístico é a pirâmide invertida, isto é, o mais importante vir na cabeça do texto. Genro Filho afirma que o texto jornalístico é uma pirâmide com o cume dela sendo justamente a singularidade do fato e, ao longo do texto, esta singularidade vai se alargando por três processos: **a-)** com novas singularidades (outros fatos que se conectam); **b-)** com a universalidade (conectando-se com elementos científicos); **c-)** com particularidades (ampliando-se com elementos da Arte).

Em compensação, pode-se ter situações em que o singular do fato do cume seja repisado e fique em torno de si mesmo – este é o caso do chamado jornalismo sensacionalista. A partir disto, temos a representação gráfica proposta por Genro Filho:

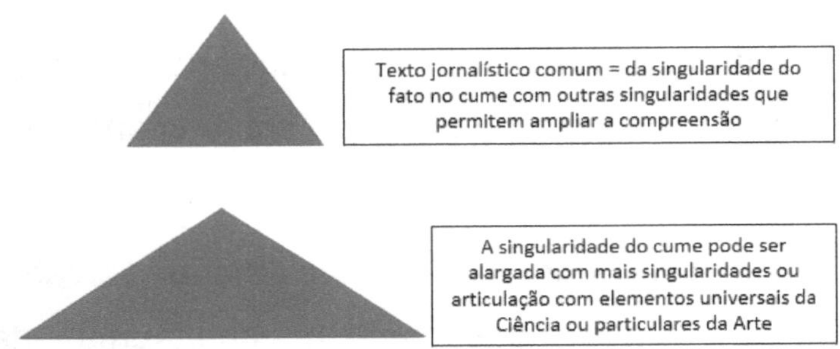

A ampliação pelo universal

Phillip Meyer, na obra *The Precision Journalism* defende a ideia de que o jornalismo tem que se legitimar como narrativa pela "precisão dos dados". Por isto, ele defende que o jornalista se comporte como um "cientista" que busque a acurácia dos dados e tenha a capacidade de analisa-los e transmitir ao seu público.[43]

---

[43] MEYER, P. *Tne new precision journalism*. Bloomington: Indiana University Press, 1991

Segundo ele, o jornalismo de precisão significa tratar o jornalismo como ciência, adotando o método cientifico, a objetividade científica e ideais científicos para todo o processo de comunicação de massa. Meyer lembra o pensamento do físico Lawrence Cranberg que afirma que o que é necessário para descobrir fatos ocultos e chegar a verdades indescritíveis é uma determinação hábil para chegar a eles, isto é uma determinação que é tão apropriada para um jornalista como para um físico bem preparado.

Walter Lippmann[44], por sua vez, afirma que o jornalismo depende da disponibilidade de fatos objetiváveis e isto se conecta com um dos valores notícia dissecados por Nelson Traquina que trata da "notabilidade" do fenômeno.

Diante disto, o modelo de Meyer para a apuração jornalística compreende:

---

[44] LIPPMANN, W., *op cit*

1. **<u>Dados</u>**
   a. Onde busca-los
   b. Como armazená-los
   c. Como recuperá-los
   d. Como analisa-los
   e. Como editá-los
   f. Como comunicar estes dados

2. **<u>Quadro teórico</u>**
   a. Hipótese(s)
   b. Verificação e reverificação dos dados e informações

3. **<u>Características dos cientistas que devem estar no jornalista</u>**
   a. Ceticismo
   b. Abertura (transparência dos caminhos percorridos)
   c. Instinto de operacionalização
   d. Sentido de provisoriedade da verdade
   e. Parcimônia (entre as teorias, preferir as mais simples)

Observa-se que Meyer situa a qualidade da apuração jornalística no **rigor metodológico**. Isto é, um texto jornalístico se legitima se os caminhos que nortearam a sua construção são transparentes e legitimados pelo rigor.

Recuperando a *pirâmide reinvertida* de Genro Filho, observamos que a ampliação da singularidade do fato do topo da pirâmide se dá pelo alargamento na base com as informações construídas pelo rigor metodológico científico e que, portanto, se legitimam pela característica da *universalidade da ciência.* É fato que esta concepção de ciência apontada por Meyer é de caráter positivista mas isto é um outro tema que pode ser objeto de outras reflexões. O que importa aqui é apontar que Meyer não está situando a legitimidade do texto jornalístico na neutralidade e muito menos em um talento voluntarista do jornalista mas sim na capacidade deste de se engajar em um rigor metodológico de apuração.

Dennis de Oliveira. *Iniciação aos Estudos de Jornalismo*. São Paulo: Abya Yala, 2020.

Temos assim a pirâmide representada:

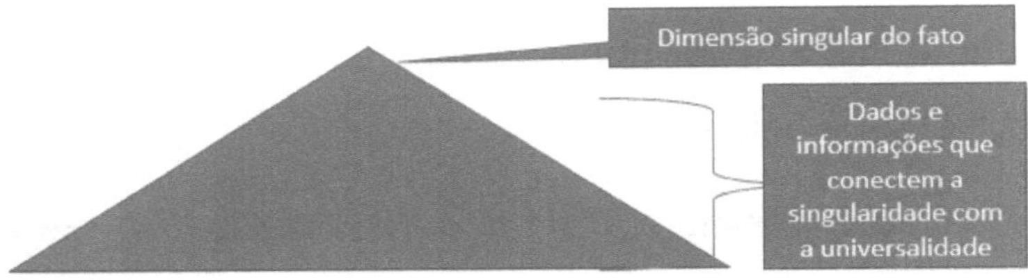

Por exemplo, na reportagem "*O impacto do Covid-19 nas periferias*" publicada na edição de junho de 2020 da revista Le Monde Diplomatique (https://bitlybr.com/UmKOu), o autor apresentou vários infográficos com mapas da cidade de São Paulo comparando a presença de negras e negros nos distritos e a incidência do coronavirus e mortalidade, como forma de demonstrar sua hipótese de que a doença vitima mais negros que outras etnias. E discorre a respeito disto, colocando outros elementos, como a ausência de saneamento básico, atendimento médico-hospitalar nas periferias, etc.

Dennis de Oliveira. *Iniciação aos Estudos de Jornalismo*. São Paulo: Abya Yala, 2020.

Daí tem uma hipótese: que o racismo estrutural faz com que a epidemia vitimize mais negras e negros. E aí então para comprovar esta hipótese, buscou dados nas bases oficiais (este mapa da distribuição racial da cidade de São Paulo foi construído com base nos dados do censo do IBGE) e, a partir daí, foi discorrendo no seu texto as relações entre esta situação, as condições de vulnerabilidade maior nas periferias, a relação de raça, classe social e território, ampliando, assim a singularidade inicial do fato do aumento da epidemia do coronavírus que deu o start desta matéria.

Não se trata de uma matéria que busca uma pretensa "neutralidade" no esquema tradicional e limitado de ouvir os dois lados – por exemplo, partir desta ideia de que há uma componente racial na expansão do coronavirus e ouvir duas fontes, uma contraria e outro favorável.

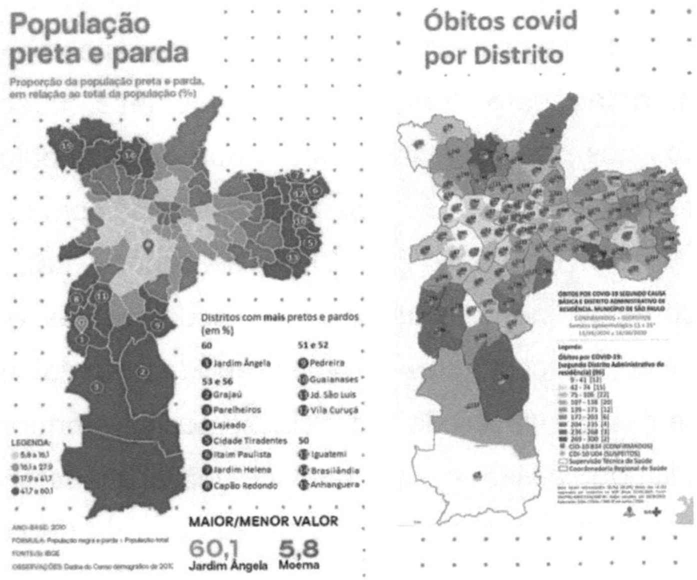

Fonte: Le Monde Dilomatique, junho de 2020

A realização de textos jornalísticos nesta natureza necessita de bases de dados a disposição do jornalista. Por isto, algumas demandas são resultantes deste modelo.

A primeira é a *necessidade de se conhecer as bases de dados existentes e saber construir as suas próprias*. O jornalista tem acesso a muitas informações, a internet faz chegar a nós muitos dados e muitas vezes, eles pouco significam. Entretanto, eles precisam ser armazenados de forma sistêmica pois podem constituir bases de dados própria para futuros usos. Um exemplo: um jornalista durante uma campanha eleitoral presidencial, foi registrando os temas mais comuns nas declarações dos principais candidatos em debates, comícios e outros eventos registrados na mídia. Com isto, compôs um quadro temático que sintetizava as estratégias de campanha de cada um dos candidatos para futuramente verificar se as promessas feitas seriam cumpridas ou não (no caso de quem fosse eleito). Mas, para além disto, aquele material era importante para interpelações em entrevistas (por exemplo, o porquê daquelas prioridades, se os outros temas não eram importantes, etc). Este jornalista estava desempregado, fez isto por conta própria e não tive notícia de que tal quadro tenha sido utilizado. Mas é um bom exemplo das possibilidades de construção de bases de dados própria.

Uma segunda demanda decorrente disto *foi a luta pela transparência das informações nos órgãos públicos*. Há um problema também que dificulta a construção desta metodologia de jornalismo de dados que é a ainda pouca transparência por parte de órgãos públicos em relação a disponibilização de informações de interesse público. Por isto, uma grande conquista – não só do jornalismo, mas de toda a sociedade – foi a Lei de Acesso à Informação (Lei 12.527/2011) que possibilita qualquer cidadão requisitar informações de interesse público a qualquer órgão que não tenha disponibilizado. Por exemplo, dados referentes a ocorrências registradas nas delegacias em determinados períodos, dados de execução orçamentária, entre outros. Há procedimentos específicos para requisitar tais informações, inclusive algumas exceções, e é fundamental o jornalista conhecer esta lei.

Esta ausência de transferência é uma das heranças dos frequentes períodos autoritários que a sociedade brasileira viveu. A luta pela consolidação da democracia vem pressionando para que esta cultura da falta de transparência se modifique,

A terceira demanda é *organizar e armazenar os dados de forma que sejam de fácil acesso.* Já falamos anteriormente da importância da agenda de fontes. As bases de dados também têm igual importância para o jornalista. Por isto, é fundamental que, além de construir as bases de dados, o jornalista saiba organizá-las de forma que a sua recuperação rápida em momentos futuros seja possível. Nunca é demais lembrar que o tempo sempre é curto na produção jornalística. A construção de roteiros para entrevistas, sugestão de pautas para reportagens, construção de perspectivas criativas que vão além do registro factual, entre outros dependem, e muito, deste acesso aos dados.

E, finalmente, a quarta demanda é a *capacidade de analisar e interpretar os dados.* Isto é muito importante para que não se crie uma ideia falsa de que os dados por si só já explicam tudo. Certa vez, a página de esportes de um importante jornal estampou: "Dinamarca domina o jogo, mas Espanha vence por 5 a 1". Era a Copa do Mundo de Futebol de 1986 e a seção de esportes deste jornal implantou uma análise das partidas de futebol baseada em estatísticas (posse de bola, ataques, chutes a gol, ataques) com a intenção de fazer uma análise das partidas mais "objetiva". Os dados daquela partida mostraram que a seleção dinamarquesa teve mais posse de bola, atacou mais e chutou mais a gol – daí o jornalista concluiu sem pestanejar: "dominou a partida". Mas a seleção da Espanha goleou por 5 a 1.

Onde está o erro? Justamente no fato que o futebol não funciona nesta lógica de uma ciência exata. Uma equipe pode optar por jogar na defesa e em contra-ataques e ter mais eficiência. As regras permitem. Esta ideia de fazer estatísticas de partidas de futebol foi uma importação das coberturas estadunidenses de esportes como o basquete, o voleibol e outros. A diferença é que estes esportes, pelas próprias regras, os aspectos técnicos têm muito mais peso (por isto, é raríssimo nestes esportes, equipes mais fracas vencerem as mais fortes). O basquete, por exemplo, tem tempo de bola máximo na defesa e no ataque. Uma equipe não pode "cozinhar" a partida para segurar resultado. No vôlei, cada equipe tem que dar três toques e atacar. No futebol, uma equipe pode ficar tocando a bola na defesa e, se tiver competência para isto, pode impedir que a outra ataque. Por sua vez, uma equipe de futebol pode ter um bom toque de bola, ficar mais tempo com ela, mas não conseguir furar um "bloqueio" defensivo de outra e, num lance fortuito, tomar um gol. São particularidades do esporte que precisam ser levados em conta e que *relativizam* dados.

Por isto, a capacidade de analisar, interpretar e, se necessário, relativizar dados é fundamental. Para evitar uma manchete que certa vez uma emissora de rádio transmitiu: "Cresceu 100% os homicídios na cidade neste ano: de um passou para dois."

No livro-reportagem *Rota 66: a história da policia que mata*, o jornalista Caco Barcellos fez um extenso levantamento no Instituto Médico Legal e nos boletins de ocorrência da Polícia para montar uma planilha de dados sobre pessoas mortas por ações da polícia militar. Concluiu, com base nos dados, que a maioria são jovens negros e moradores da periferia e notou que havia uma frequência de um certo número de policiais que sempre estavam envolvidos nestas mortes. A partir daí, montou um ranking dos principais "matadores" da corporação, traçou um perfil dos mesmos, onde eles atuam, etc. Até entrou em contato com alguns deles para dar a sua versão.[45]

---

[45] BARCELLOS, C. *Rota 66: a história da policia que mata*. Rio de Janeiro: Record, 2008

Ampliando pela particularidade

A pirâmide reinvertida pode ser ampliada pelas dimensões particulares da apreensão artística da realidade. É assim que se caracteriza tendências do jornalismo como o *new journalism*, o jornalismo literário, entre outros.

O novo jornalismo ("new journalism") é uma proposta jornalística que incorpora a perspectiva da percepção artística dos fenômenos, com o objetivo de superar um pretenso objetivismo do jornalismo tradicional. É um movimento que se consolidou nos anos 1960 nos EUA, no contexto da chamada revolução contracultural.[46]

O "novo jornalismo" surge na imprensa dos EUA. O primeiro texto considerado como do novo jornalismo é "O duque em seus domínios", de Truman Capote (perfil do ator Marlon Brando) em 1956. A revista que popularizou o novo estilo foi a New Yorker.

---

[46] Sobre o "new journalism" ver a obra de WOLFE, T. *The new journalism*. NY: Picador/McMillan Publisher, 1998

No Brasil, foi expresso nas reportagens da revista Realidade, da Editora Abril, que circulou de 1966 a 1976. Os principais nomes deste gênero foram Truman Capote, Norman Mailer, Tom Wolfe, Gay Talese.

Importante salientar que, apesar desta perspectiva de percepção artística dos fenômenos, os compromissos com a veracidade e a relevância pública permanecem, pois estamos falando de jornalismo. Por isto, Gay Talese adverte que

> o novo Jornalismo, embora possa ser lido como ficção, não é ficção. É, ou deveria ser, tão verídico, como a mais exata das reportagens, buscando embora uma verdade mais ampla que a possível através da mera compilação de fatos comprováveis, o uso de citações, a adesão ao rígido estilo mais antigo. O novo jornalismo permite, na verdade exige, uma abordagem mais imaginativa da reportagem e consente que o escritor se intrometa na narrativa se o desejar, conforme acontece com frequência, ou que assuma o papel de observador imparcial, como fazem outros, eu inclusive.[47]

---

[47] TALESE, G. *Aos olhos da multidão*. S. Paulo: Expressão Cultural, 1973 (prefácio)

Importante este alerta: trata-se de jornalismo e não de ficção, embora estilisticamente podem ser semelhantes.

O processo de produção da reportagem no estilo do "novo jornalismo" compreende os seguintes passos:

1. ***Pauta amplificada*** (objetivo é captar o fenômeno nas suas diversas particularidades, não funcionais necessariamente, e suas articulações)

2. ***Captação*** – observação participante e entrevistas semi-estruturadas (método utilizado em estudos etnográficos, antropológicos e da psicologia social)

   a. A observação participante é uma técnica que tem como objetivo relatar atividades, ocasiões, episódios cotidianos, afetos com o objetivo de captar também as dimensões subjetivas do fenômeno

   b. As entrevistas semi-estruturadas seguem um roteiro mas se desenvolvem como uma "conversa" em que há uma presença mais explícita do entrevistador

3. **Redação** – Estilo literário

a. Para além da funcionalidade do texto jornalístico clássico – o objetivo não é informar sobre um fato apenas, mas submergir o leitor na ambiência em que os fatos se desenvolvem)

b. Presença do narrador e relato da trajetória da construção da reportagem

Com isto, a pirâmide reinvertida de Genro Filho fica da seguinte forma:

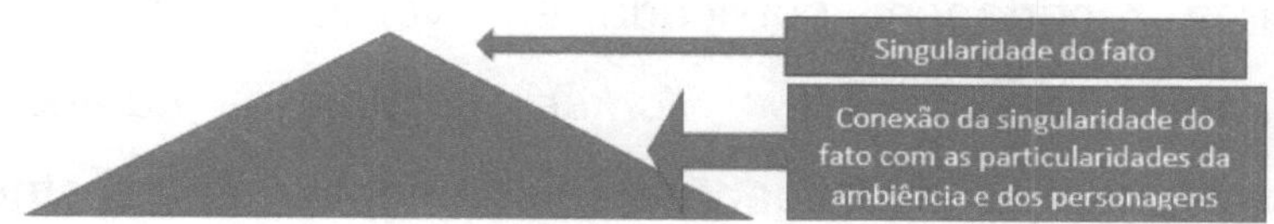

O importante no modelo do novo jornalismo é justamente não cair na tentação do texto jornalístico se legitimar apenas pela estética do estilo literário do texto. Não se trata de literatura mas de jornalismo. Por isto, se a captação não tiver minimamente um rigor que sustente as informações ali veiculadas e os fatos singulares que ancorem esta reportagem não terem relevância pública, não teremos um exemplo de jornalismo.

Um dos livros reportagem mais famosos deste estilo é o "A sangue frio", de Truman Capote, no qual o escritor estadunidense faz uma reportagem sobre um brutal assassinato ocorrido em 15 de novembro de 1959 na minúscula cidade de Holcomb, no Texas. Quatro membros de uma família conhecida na cidade foram assassinados em um latrocínio em que foram roubados pertences de pouco valor.[48]

Capote soube do episódio por meio de uma notícia publicada no jornal *The New York Times* e fez uma reportagem publicada em várias edições da famosa revista *New Yorker*, coletando materiais referentes as investigações e julgamentos, entrevistou parentes das vítimas e, particularmente, conviveu todo o período de julgamento até a execução na forca dos dois condenados pelo crime. A reportagem reconstituiu, assim, toda a história do crime, a investigação policial, a repercussão do caso na cidade, o julgamento e o histórico de vida dos condenados.

---

[48] CAPOTE, T. *A sangue frio*. S. Paulo: Cia. das Letras, 2003

Dennis de Oliveira. *Iniciação aos Estudos de Jornalismo*. São Paulo: Abya Yala, 2020.

As reportagens publicadas em varias edições da revista New Yorker no ano de 1965 foram posteriormente reunidas em um livro-reportagem.

A obra de Capote recebeu críticas que são comuns de jornalistas que consideram o "novo jornalismo" como excessivamente licencioso poeticamente que coloca em risco o rigor necessário ao jornalismo.

Mesmo os relatos de ambiência – como, por exemplo, este presente logo no início desta reportagem de Capote:

> *A cidade de Holcomb fica nas planícies do oeste do Kansas, lá onde cresce o trigo, uma área isolada que mesmo os demais habitantes do Kansas consideram distante*

É produto de uma percepção particular do autor. Evidente que há dados objetivos neste relato, como a localização, a presença do trigo, mas a consideração da opinião dos moradores sobre o isolamento é um olhar do autor (que pode, evidentemente, ter sido construído a partir de falas de moradores).

Dennis de Oliveira. *Iniciação aos Estudos de Jornalismo*. São Paulo: Abya Yala, 2020.

Capote, por exemplo, dizia que não usava gravador para não "intimidar as fontes". Talese também afirma isto – e vai além, afirma que pergunta várias vezes para o entrevistado se ele quer mesmo responder daquela forma, porque, segundo ele, muitas vezes o entrevistado pode ter falado apressadamente sem ter a exata noção do significado daquilo quando publicado.

Independente das visões, é fato que o "novo jornalismo" criou uma outra perspectiva de abordagem dos fatos. Ultimamente, por conta do enxugamento das redações, raramente veículos periódicos investem nesta modalidade, pois ela exige um tempo longo de produção. Mas é comum jornalistas aventurarem-se para este estilo nos livros-reportagem.

A ampliação pela singularidade

Finalmente, uma outra possibilidade de ampliação da singularidade do fato é conectá-lo a outros fatos singulares. Tem-se, assim, a articulação das singularidades com outras singularidades. A pirâmide reinvertida poderia ser representada da seguinte forma:

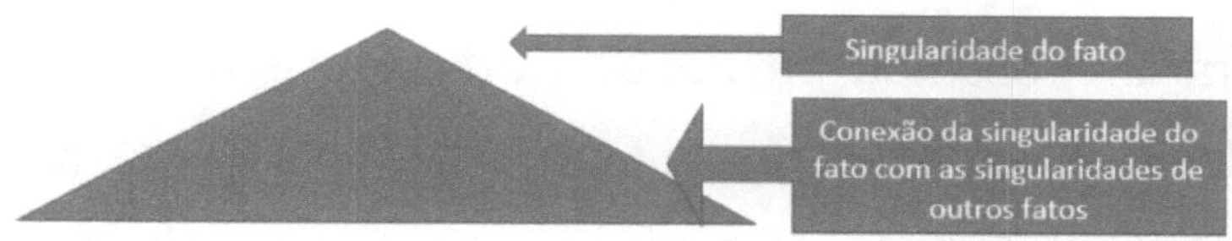

Este modelo tem sido comum nas revistas semanais de informação. É quase uma síntese dos fatos, articulados por uma hipótese. Desta forma, possibilita ao público que os diversos fatos disseminados sejam conectados uns aos outros possibilitando um olhar mais de conjunto.

Um risco deste tipo de ampliação é que o jornalista vira um mero curador de informações e, ao conectá-las umas com as outras, se não contextualizar cada uma das informações pode correr o risco de forçar articulações de fatos de acordo com o que quiser fazer. Podem-se criar sofismas, tipo – *Todo ser humano tem sangue quente; todo coelho tem sangue quente, logo, o ser humano é um coelho.*

Um dos grandes problemas que se observa nas revistas semanais é que estes periódicos que foram notabilizados pela produção de grandes reportagens, com captações em profundidade, "furos" históricos, viraram resumos de notícias articulados a partir de ideias pré-concebidas. Como se legitimassem junto aos seus públicos a partir de uma concordância de ideias e os fatos fossem selecionados e articulados apenas para referendar posições pré-concebidas.

Outro problema é considerar que a ampliação da pauta dá-se apenas com um universo maior de relatos de fontes, gerando o que se chama de jornalismo declaratório. De qualquer forma, é possível fazer uma ampliação da captação pelos métodos tradicionais, assim como pelo jornalismo de precisão ou novo jornalismo – ou ainda uma combinação entre eles.

Tudo dependerá do compromisso do jornalista com a relevância pública, de buscar sempre a veracidade das informações a serem publicadas e possibilitar ao seu público a compreensão mais aprofundada dos fatos. Não existem métodos melhores ou piores, perfeitos ou imperfeitos, e sim adequados para determinados objetivos.

Muitas vezes, uma pequena nota de serviço pode cumprir um papel de relevância muito mais importante que uma extensa reportagem. Vai depender sempre da situação.

Dennis de Oliveira. *Iniciação aos Estudos de Jornalismo*. São Paulo: Abya Yala, 2020.

Capítulo 10 – Lugar de jornalista é na rua!

Nestes tempos de redes sociais, há uma paixão em querer trabalhar a partir de casa, apenas conectado pelos *gadgets*. As tecnologias de informação e comunicação possibilitaram conexões sem fronteiras. Isto é positivo para o jornalismo pois é um recurso a mais. Vamos imaginar que você apresenta um programa de rádio e há um grande especialista em geopolítica em Montreal. Você pode entrevista-lo ao vivo (ou gravar uma entrevista) telefonando via algum aplicativo de rede social sem gastar nada. Há 30 anos atrás, isto era possível mas muito mais complicado e custoso.

Não é necessário também ter uma concessão de canal de televisão para ter um programa. Posso abrir um canal no *Youtube* e periodicamente produzir programas e disseminar nas redes. Ou produzir podcasts e colocá-los nas plataformas de distribuição de áudios, como *Sound Cloud, Spotfy* e outros. Sem contar os blogs, portais de internet e outros recursos.

Como a informação que circula nas redes é, em geral, livre e gratuita, há uma mudança no modelo de negócios do jornalismo. Já não é mais aquele modelo de ter um produto que será vendido ou que irá arrecadar fundos com vendas de espaço publicitário. Estas novas plataformas possibilitam outras formas de arrecadação de recursos, desde assinaturas digitais, cobranças por acessos a determinados conteúdos, *payviews* (liberação de acesso a um certo número de acessos e acima disto, cobrança). Em alguns casos, os novos modelos de negócios articulam o jornalismo a prestação de outros serviços (venda de livros, consultorias, entre outros).

Como é uma mudança significativamente radical, todas elas são polêmicas, discutíveis e, em determinados momentos, criticadas por uma perspectiva saudosista que afirma que "o jornalismo acabou porque virou refém de outros negócios". Mas é discutível também se o modelo anterior, das grandes corporações midiáticas garantia tanta autonomia ao jornalismo assim...

Mas estas discussões, embora importantes, podem ser refletidas em outras obras.

O que quero aqui é reforçar o seguinte: o espírito do jornalismo é a rua. Independente da plataforma, do suporte tecnológico, da linguagem, jornalismo é uma atividade conectada com a construção cotidiana da realidade. Como diria Gabriel Garcia Marquez:

> *Porque o jornalismo é uma paixão insaciável que só se pode digerir e humanizar mediante a confrontação descarnada com a realidade. Quem não sofreu essa servidão que se alimenta dos imprevistos da vida, não pode imaginá-la. Quem não viveu a palpitação sobrenatural da notícia, o orgasmo do furo, a demolição moral do fracasso, não pode sequer conceber o que são. Ninguém que não tenha nascido para isso e esteja disposto a viver só para isso poderia persistir numa profissão tão incompreensível e voraz, cuja obra termina depois de cada notícia, como se fora para sempre, mas que não concede um instante de paz enquanto não torna a começar com mais ardor do que nunca no minuto seguinte.*

Como fazer uma confrontação desencarnada com a realidade ficando isolado nos gabinetes achando que via a internet pode conhecer a realidade? A humanização desta paixão insaciável como diria Garcia Marquez só é possível entrando em contato direto com os seres humanos, com os seus corpos, seus sorrisos, choros e atitudes sendo realizadas a cada minuto. É vivenciar os ambientes em que estes atos são realizados.

Assim, andar de ônibus, metrô, trem, ir a feira, mercado, passear nas praças é uma prática que deveria ser feita por todo jornalista. Uma forma de captar o espírito da população – ver seu humor, as suas preocupações, dilemas, etc – é prestar atenção às conversas dentro do ônibus. Frequentar lugares onde a população se reúne, nos estádios de futebol, nos bares, nos parques... Enfim, andar pelas ruas e não se contaminar com o circuito dos gabinetes que tanto seduz a nós, jornalistas.

Se há alguma coisa de tempos atrás que talvez valha a pena lembrar é o fato de que, na cidade de São Paulo, as redações dos grandes veículos jornalísticos eram no centro da cidade. Os jornalistas tinham contato com a diversidade de gente do centro. Com o esvaziamento do centro da cidade, as redações foram migrando para localidades mais distantes, viraram verdadeiros condomínios fechados onde tem todo o tipo de serviço – restaurantes e até academias de ginástica – a captação é feita por internet e o jornalista vira um "burocrata" produtor de textos.

Independente da plataforma, a narrativa jornalística se diferencia da profusão de informações pelo seu compromisso ético com a democracia.

Nós vivemos em um país na qual a democracia ainda é incipiente, inconclusa e totalmente distante de determinados segmentos sociais que não conseguem sequer usufruir dos seus direitos garantidos em lei pela forma que as instituições funcionam.

Basta ver as dificuldades que uma pessoa de periferia tem, por exemplo, de ter acesso aos serviços públicos, de poder reclamar do mau funcionamento de equipamentos sociais, de ter acesso a informações dos órgãos públicos para poder monitorar o seu funcionamento. E depois ver ainda alguns comentaristas econômicos do jornalismo brasileiro dizerem que o aumento do salário mínimo é prejudicial para a economia do país.

Democracia para certos setores da elite brasileira significa meramente a formalidade do voto e uma reprodução formal dos direitos civis. Liberdade!!!

Mas as palavras de ordem da Revolução Francesa foram Liberdade, **Igualdade e Fraternidade**. As três são indivisíveis.

Isto é um indicador do quão ainda o jornalismo no Brasil está desconectado da construção da democracia. Não estou falando apenas dos proprietários das empresas jornalísticas, mas da consciência de muitos jornalistas que topam venderem suas autonomias intelectuais em troca de ascensão social. Outros, isolados nas ilhas que se transformaram boa parte das redações longe estão da ideia de Garcia Marquez de um "confronto desencarnado com a realidade". E mais longe ainda do que Ferreira Gullar fala da história humana que não se desenvolve só nos gabinetes.

A crise do jornalismo que tem sido utilizada pelas empresas como desculpa para precarizar ainda mais o trabalho do jornalista, de demitir profissionais, entre outros não é um indicador de que o jornalismo acabou. Pelo contrário, ele é mais que necessário. Mas precisamos de jornalismo e jornalistas e não "fazedores de mídia jornalística". Não se trata de só dominar as técnicas produtivas, mas entende-las como parte de um processo mais amplo que é fazer um jornalismo ético (e, portanto, de qualidade) como atividade fundamental para a construção da verdadeira democracia no país.

Difícil? Sim, mas a vida é feita de desafios! Mãos e neurônios à obra!!! E pé na estrada pois a vida acontece lá fora, para além das telas de computadores.

Bibliografia (ou Sugestões de Leitura)

ABRAMO, P. *Padrões de manipulação da grande imprensa.* S. Paulo: Perseu Abramo, 2016

ADORNO, T.; HORKHEIMER, M. *Dialética do esclarecimento.* Rio e Janeiro: Jorge Zahar, 1985

BALZAC, H. *As ilusões perdidas.* S. Paulo: Cia das Letras, 2016

BARCELLOS, C. *Rota 66: a história da policia que mata.* Rio de Janeiro: Record, 2008

BORIN, J *Imprensa: empresas e negócios.* S. Paulo: ECA/USP, 1992.

BUCCI, E. *Sobre ética e imprensa.* S. Paulo: Cia das Letras, 2000

BURNETT, L. *A língua envergonhada.* Rio de Janeiro: Nova Fronteira, 1991

CAPOTE, T. *A sangue frio.* S. Paulo: Cia. das Letras, 2003

CAPUTO, S. *Sobre entrevistas.* Petrópolis: Vozes, 2010

CHAPARRO, M. C. "Opinião x informação: uma fraude teórica?" in: Portal Comunique-se, de 24/07/2003

FREIRE, P. *Pedagogia do oprimido.* Rio de Janeiro: Paz e Terra, 2014. OLIVEIRA, D. *Jornalismo e emancipação: uma prática jornalística baseada em Paulo Freire.* Curitiba: Appris, 2017

GENRO FILHO, Adelmo. O segredo da pirâmide: para uma teoria marxista do jornalismo. Porto Alegre: Ortiz, 1989

HABERMAS, J. *A mudança estrutural da esfera pública.* S. Paulo: Editora Unesp, 2014

HALL ,S. *A Identidade cultural da pós modernidade.* S. Paulo: LPA, 2001

KUCINSKY, B . *A síndrome da antena parabólica.* S. Paulo: Perseu Abramo, 2010

LAGE, N. *Teoria e técnica de reportagem, pesquisa e entrevista jornalística.* Rio de Janeiro: Record, 2001

LAGE, N. *Teoria e técnica do texto jornalístico.* Rio de Janeiro: Elsevier, 2005

LIPPMANN, W. *Opinião pública.* Petrópolis: Vozes, 2008

MARCONDES FILHO, C. *A saga dos cães perdidos.* S. Paulo: Hacker, 2001

MARX. K. *Sobre a questão judaica.* S. Paulo: Boitempo, 2010

MEDINA, C. *Entrevista: o diálogo possível.* S. Paulo: Ática, 2002

MELO, J. M . *A opinião no jornalismo brasileiro.* Petrópolis: Vozes, 1994

MEYER, P. *Tne new precision journalism.* Bloomington: Indiana University Press, 1991

MOURA, C. *Dialética radical do Brasil negro.* S. Paulo: Anita Garibaldi, 2014.

OLIVEIRA, D. *A luta contra o racismo no Brasil* S. Paulo: Fórum, 2017.

OLIVEIRA, D. *Jornalismo e emancipação: uma prática jornalística baseada em Paulo Freire*. Curitiba: Appris, 2017

OLIVEIRA, D. *Os dilemas do jornalismo na sociedade da inflação das informações*. S. Paulo: Abya Yala, 2019

PEREIRA JR, L. C. *Apuração da noticia – métodos de investigação na imprensa*. Petrópolis: Vozes, 2006

PEUCER, T. "Os Relatos Jornalísticos." *Estudos em Jornalismo e Mídia*, Florianópolis, v. 1, n. 2, p. 13-30, jan. 2004. ISSN 1984-6924. Disponível em: <https://periodicos.ufsc.br/index.php/jornalismo/article/view/2070>. Acesso em: 19 jul. 2020. doi:https://doi.org/10.5007/%x.

QUIJANO, A. *A colonialidade do saber: eurocentrismo e ciências sociais. Perspectivas latino-americanas*. Buenos Aires: CLACSO, 2005

ROSSEAU, J J. *Do contrato social*. S. Paulo: Martin Claret, 2013

RUBIM, A A C. "Comunicação, espaço público e eleições presidenciais." In: Comunicação & Política. São Paulo, 9 (2/3/4): 7-21, 1989.

SCHWARCZ, L. *O espetáculo das raças*. S, Paulo: Cia. das Letras, 1993

TALESE, G. *Aos olhos da multidão*. S. Paulo: Expressão Cultural, 1973 (prefácio)

THOMPSON, J. B. *O escândalo politico: poder e visibilidade na era da mídia*. Petrópolis: Vozes, 2002

THOMPSON, J. *Mídia e modernidade*. Petrópolis: Vozes,1998

TRAQUINA, N. *Teorias do jornalismo (vols. 1 e 2)*. Florianópolis: Insular, 2005

VENANCIO, R. D. O. *Jornalismo e linha editorial: construção de notícias na imprensa partidária e comercial*. Rio de Janeiro: E-papers, 2009

WOLFE, T. *The new journalism*. NY: Picador/McMillan Publisher, 1998

Sobre o autor

Dennis de Oliveira é professor do curso de Jornalismo na Universidade de São Paulo e do Programa de Pós Graduação em Mudança Social e Participação Política da EACH/USP e do Programa de Pós Graduação em Integração da América Latina da USP. Pesquisador do IEA (Instituto de Estudos Avançados) da USP. Mestre e doutor em Comunicação e livre-docente em Jornalismo, Informação e Sociedade pela ECA/USP. É coordenador do CELACC (Centro de Estudos Latino Americanos de

Cultura e Comunicação), vice-líder do Alterjor (Grupo de Pesquisa de Jornalismo Alternativo e Popular) e membro do NPerferias do IEA, todos da Universidade de São Paulo. Coordenador do GT "Epistemologias decoloniais, territorialidades e cultura" do CLACSO (Conselho Latino Americano de Ciências Sociais) 2019-2022. Autor dos livros *"Jornalismo e emancipação: uma prática jornalística baseada em Paulo Freire"* (Appris, 2017) e *"Os dilemas do jornalismo na sociedade da inflação das informações"* (Abya Yala, 2019). Membro da Rede Antirracista Quilombação.

Site pessoal: http://www.dennisoliveira.info

www.ingramcontent.com/pod-product-compliance
Lightning Source LLC
LaVergne TN
LVHW041509170726
843492LV00005B/1427